Karin und Dan Schmid

Lernen von dem Besten

Über die Autoren

Karin Schmid hat in der Schweiz Theologie studiert und ist Autorin mehrerer Bücher. Sie ist verheiratet mit Dan und hat zwei Kinder im Teenageralter. Heute arbeitet sie als Religionslehrerin und Gemeindepädagogin, außerdem ist sie freiberuflich als gefragte Referentin in der Schweiz und in Deutschland unterwegs. Darüber hinaus gehört sie zum freien Redaktionsteam der Frauenzeitschrift LYDIA.

Dan Schmid ist Theologe und leitender Pastor von einer internationalen Stadtkirche in Stuttgart sowie Coach für Gemeinden und Führungspersonen. Seit über zwanzig Jahren investieren die beiden leidenschaftlich gern ihr Leben in Gottes Reich und in Menschen, damit diese aufblühen können.

Karin & Dan Schmid

LERNEN VON DEM BESTEN

Wie dein Leben gelingt

Gerth Medien

INHALT

DAS BESTE FÜR DEIN LEBEN!

Als wir letztes Jahr an einem sonnigen Frühlingstag einen großen Spaziergang auf der Halbinsel Mainau beim Bodensee machten, sprachen wir wieder einmal über Jesus und was wir schon alles von ihm gelernt haben. Wir wanderten den schönen Seeweg entlang, genossen die wunderschönen Blumen am Wegesrand, den Blick auf das weite Wasser, die frische Luft und natürlich die Zweisamkeit als Ehepaar.

Überall, wo wir vorbeikamen, waren Leute in ihren Gärten, die damit beschäftigt waren, alles für den kommenden Sommer vorzubereiten und ihr schönes Stückchen Land zu pflegen. Blühende Blumen und frisch gemähte Wiesen gaben ein fantastisches Bild. Die Natur präsentierte sich an diesem Tag von ihrer schönsten Seite. Auch die Tiere waren unterwegs. Möwen kreisten über dem ruhigen See und große Entenfamilien schwammen gemütlich auf dem Wasser. Es war eine herrliche Atmosphäre und eine wunderbare Stimmung, um sich über unser Glaubensleben auszutauschen und zusammen zu beten.

Wir waren auf dieser Insel unterwegs, weil unsere Kinder zu Hause eine Party mit ihren Freunden vom Teenagerkreis feierten und wir ihnen „das Feld überließen".

Somit hatten wir zwei Tage Zeit, um uns als Paar zurückzuziehen, inspirieren zu lassen und über dieses Buch nachzudenken.

Als Pastorenehepaar sind wir intensiv mit Jesus verbunden und haben seine Hilfe und Kraft schon so oft in unserem Leben erfahren dürfen. Ohne ihn wären wir heute wahrscheinlich eher nicht mehr in dieser Einheit als Paar zusammen und hätten so manche Herausforderungen nicht überwinden können. Jesus ist unser Helfer und unser Retter, der uns noch keinen Tag enttäuscht hat. Seine Liebe ist so stark und der Friede, den er in unsere Herzen gebracht hat, ist größer als jede Schwierigkeit, mit der wir uns in unserem Leben schon konfrontieren mussten.

Durch unseren Beruf haben wir immer wieder Kontakt mit Menschen aus allen Nationen und merken, dass es ein Wunsch von vielen Christen ist, noch tiefer in die Beziehung mit Jesus hineinzuwachsen. Doch wie genau können sie das erreichen? Was braucht es, um Jesus immer ähnlicher zu werden und das eigene Glaubensleben in der göttlichen Liebe zu verwurzeln? Wie kann unser Leben im Sinne Jesu gelingen? In der Bibel lesen wir im Matthäusevangelium:

„Vertraut euch meiner Leitung an und lernt von mir, denn ich gehe behutsam mit euch um und sehe auf niemanden herab. Wenn ihr das tut, dann findet ihr Ruhe (und Sinn) für euer Leben“ (Matthäus 11,29).

Wir sind überzeugt, dass Jesus Leben im Überfluss bringen möchte. Er hat die Absicht, jeden einzelnen Menschen zu stärken und seine Kraft in dessen Leben wirksam werden zu lassen.

Als Jesus auf der Erde war, kamen viele Menschen, um ihm zuzuhören (vgl. Lukas 6,18). Menschen verschiedener Herkunft waren fasziniert von seinen Worten und spürten in seiner Gegenwart Kraft, Liebe und Geborgenheit. Arme und reiche Menschen, gebildete Leute sowie Personen vom Rande der Gesellschaft konnten von Jesus lernen und von der Begegnung mit ihm für ihr ganzes Leben profitieren. Als beispielsweise die Jünger von Emmaus unterwegs waren, sagten sie zueinander:

„Hat es uns nicht tief berührt, als er unterwegs mit uns sprach und uns die Heilige Schrift erklärte?“ (Lukas 24,32).

Genau diese tiefe Berührung wünschen sich auch viele Christen heute. Dieses Buch soll ein Schlüssel sein, um tiefer in die Beziehung mit Jesus hineinwachsen und ihm letztendlich ähnlicher werden zu können. Der Sohn Gottes ist damals auf die Welt gekommen, um ein Feuer auf dieser Welt zu entfachen (vgl. Lukas 12,49). Genauso möchte Jesus noch heute unsere Herzen für ihn in Brand stecken. Er ist wie ein Licht auf unserem Weg zu einem gelingenden Leben.

In den folgenden zwölf Kapiteln zu jeweils einem aktuellen Lebensthema möchten wir aufzeigen, wie Jesus Christus uns helfen kann, die Hindernisse und Herausforderungen des Lebens in göttlicher Kraft zu überwinden. Wir sind überzeugt, dass Jesus einen guten Plan für jeden Menschen hat und er uns freisetzen möchte, damit wir das tun können, was Gott für uns vorbereitet hat. Jesus selber sagt im Johannesevangelium:

„Wer an mich glaubt, von dessen Leib werden Ströme lebendigen Wassers fließen" (Johannes 7,38).

Genau das wünschen wir uns für euch, liebe Leserinnen und Leser. Gott hat die Absicht, uns Freiheit und Gunst zu schenken, sodass wir ein Segen und „Wohlgeruch" für unser Umfeld sein können.

In der Vorbereitung auf dieses Buch haben wir noch mal die vier Evangelien gelesen und dabei entdeckt, dass Jesus alles, was wir zum Leben brauchen, im Vaterunser zusammengefasst hat. Aus diesem Grund werden wir in jedem Kapitel eine Zeile des Vaterunsers noch mal genauer betrachten. Wir haben nicht schlecht gestaunt, als wir dabei realisierten, dass die zwölf Zeilen des Vaterunsers exakt zu den zwölf Lebensthemen passten, die wir uns vorher überlegt hatten. Also, lernen wir anhand diesen Gebets, wie wir das Beste aus unserem Leben machen können – und wie Jesus, der Beste, uns dabei hilft.

Wir wünschen unseren Leserinnen und Lesern Gottes Segen und viel Freude!

Karin und Dan Schmid

KAPITEL 1:

UNSICHERHEIT ÜBERWINDEN – IDENTITÄT FINDEN

Unser Vater im Himmel …

Damit wir in unserem Leben als Christen die Wege gehen können, die Gott für uns vorbereitet hat, ist es wichtig zu wissen, wer wir sind und zu wem wir gehören. Wir haben deshalb zur Inspiration die vier Evangelien erneut komplett durchgelesen und uns alle Bibelstellen notiert, die zu diesem Thema etwas Wichtiges zu sagen haben. Wenn wir erfahren, wie Jesus sich selbst und seinen Vater sieht, dann können wir daraus wertvolle Erkenntnisse über unsere eigene Identität ziehen.

Wie denkst du über dich selbst? Welche Gedanken kommen dir, wenn du dich im Spiegel betrachtest? Fühlst du dich gut oder zweifelst du eher an dir? Unsicherheit und Unzufriedenheit über uns selbst können ganz schnell in unser Leben kommen und uns negativ beeinflussen. Als Jesus seinen Jüngern das Vaterunser lehrte, sagte er Folgendes:

„Euer Vater weiß genau, was ihr braucht, schon bevor ihr ihn um etwas bittet. Ihr sollt deshalb so beten: Unser Vater im Himmel (Matthäus 6,8-9).

Dieses Gebet von Jesus beinhaltet alles, was wir brauchen. Unglaublich, welche Kraft in diesem kompakten Gebet von Jesus steckt! Bereits mit der ersten Zeile wird eine tiefe Wahrheit zum Thema Identität ausgesprochen. Jesus proklamiert es laut und deutlich: Gott ist unser Vater! Und genau diese Wahrheit wollen wir uns in diesem ersten Kapitel gemeinsam anschauen.

2016 war Dan mit einer kleinen Reisegruppe von kirchlichen Leitern in Amerika unterwegs. Sie besuchten verschiedene Gemeinden in Alabama und ließen sich für ihren Dienst in Europa inspirieren. Zehn Tage waren sie gemeinsam mit einem Mietwagen unterwegs, und als sie am Ende ihrer Reise gerade dabei waren, den Mietwagen wieder an den Vermieter zurückzugeben, da passierte das Unfassbare: Als Dan den Papierkram erledigte, konnte ihm eine unbekannte Person seine Tasche mitsamt seinem Pass entwenden. Es muss in Windeseile passiert sein, denn kein Teilnehmer der Reisegruppe bemerkte den Diebstahl.

So stand Dan später ohne seinen Pass am Flughafen von Alabama und die kleine Reisegruppe machte sich ohne den Pastor auf den Heimweg nach Deutschland. Niemandem konnte er beweisen, dass er Dan Schmid ist, der einfach nur nach Hause wollte. Seine Identität war nicht mehr nachweisbar. Er war total verunsichert und fühlte sich wie ein verloren gegangener Unbekannter.

Wie sind wir und wie geht es uns, wenn wir elementare Dinge im Leben verlieren, die uns vorher ausgemacht haben, wie beispielsweise den Job oder das eigene Haus? Oder wie fühlen wir uns, wenn wir keine Leistung mehr erbringen können, weil wir krank oder schwach geworden sind? Wer bist du ohne deine Ausbildung, ohne dein Studium, ohne deinen Ehepartner oder ohne deine Kinder?

Wir merken immer wieder, wie sich Christen und oftmals gerade auch Menschen, die im Dienst für Gott unterwegs sind, tief im Innern verunsichert fühlen, wenn es um ihre eigene Identität geht. Sie zweifeln an ihren Fähigkeiten, die Gott in sie hineingelegt hat, oder sie fühlen sich in gewissen Situationen mit sich selbst überfordert. Worte wie „*Ich schaffe das nicht!*“, „*Ich kann das nicht!*“ oder „*Keiner mag mich, wie ich wirklich bin*“ können unser Leben ganz schön auf den Kopf stellen und die Gefahr besteht dabei, dass wir uns ins Schneckenhaus zurückziehen und uns vor uns selbst und den anderen Menschen verstecken.

Wer definiert unser Sein und wer hat das Sagen über unser wahres Ich? Dieser Frage wollen wir auf den Grund gehen und herausfinden, was Jesus dazu zu sagen hat.

Als ich, Karin, vor drei Jahren an einer langwierigen Herzbeutelentzündung erkrankt war, fühlte ich mich wie eine lahme Ente. Meine Kraft war neun Monate lang stark reduziert und ich konnte oft nur mit langsamen Schritten von A nach B schleichen. Mein Körper war sehr schwach und ich war auch danach noch mehrere Monate nicht mehr imstande, Sport zu treiben.

Genau in dieser Zeit war jedoch unser großer Umzug in ein anderes Haus geplant. Ich hatte kaum die Kraft, Kisten zu packen, und konnte nur ganz langsam die wichtigsten Vorbereitungen treffen. Am Umzugstag selbst durfte ich keine Kisten tragen und musste lernen zuzusehen, wie meine Freunde und Verwandten den schwer beladenen Wagen ausräumten und all die Möbel und Kisten die Treppe hoch zu unserem neuen, wunderschönen Zuhause trugen. Ich war innerlich von unserem neuen Haus total begeistert, hatte aber äußerlich keine Kraft. Ich konnte keine große Leistung erbringen und fühlte mich wie auf dem Abstellgleis. Genau hier finden wir den Schlüssel für das Thema Identität: Äußerlich schwach zu sein, muss noch lange nicht bedeuten, dass man innerlich nicht die Welt gewinnen kann.

Äußerlich schwach zu sein, muss noch lange nicht bedeuten, dass man innerlich nicht die Welt gewinnen kann.

Manchmal fühlen wir uns eben wie auf diesem Abstellgleis. Wir können nicht mehr die gewohnte Leistung bringen, oder andere Menschen kritisieren uns ungerechtfertigter Weise und knallen uns ihre unreflektierte Meinung an den Kopf.

Worte können uns tief verletzen und unseren Selbstwert zerstören. Wir fühlen uns in diesen Momenten nicht mehr gebraucht und ausgegrenzt. Negative Gedanken wie Selbstzweifel, Unsicherheit oder gar Verzweiflung können sich in unserem Innern breitmachen und unser Leben maßgebend beeinflussen.

Wir Menschen denken zu oft, dass wir selbst stark sein müssen. Unsere Umwelt lehrt uns genau das. Dan war vor zwei Jahren in Afrika unterwegs. Er besuchte dort Gemeinden und den Stamm der Massai, so lernte er dort viele Menschen kennen. Er erfuhr, wie früher die jungen Männer in diesem Stamm zuerst aus eigener Kraft einen Löwen töten mussten, damit sie als echte Kämpfer in den Stamm aufgenommen werden konnten. Sie mussten ihre Stärke beweisen.

Bei Jesus müssen wir nicht selbst stark sein, um angenommen zu werden, sondern seine Stärke möchte durch uns wirksam werden.

Ein Vater der Liebe

„Unser Vater" – mit diesen Worten starten wir das Gebet, das Christen auf der ganzen Welt beten. Jesus selbst gab uns dieses Gebet und ich bin mir sicher, er setzte bewusst das Wort „unser" ein. Wir könnten ja auch beten: „*Mein* Vater im Himmel" oder: „Du Vater im Himmel". Das Wort „unser" hat jedoch eine tiefe Bedeutung. Gott ist eben nicht nur der Vater von ein paar auserwählten, extravaganten Menschen, sondern er ist der Vater von *allen* Menschen, die an ihn glauben. Gott erachtet dich als kostbar und wertvoll, deshalb darfst du zu seiner Familie gehören.

Und Gott ist nicht nur der Vater von uns Menschen, sondern eben auch von Jesus Christus. Als Christenheit sind wir somit eine große göttliche Familie und gehören alle zusammen. Und für unseren himmlischen Vater gibt es nichts Größeres, als seine Kinder von ganzem Herzen zu lieben.

Als unsere Kinder klein waren, hatte Dan sein Büro in unserem Haus und arbeitete dort täglich für seine Pastorenstelle. Mir war es damals ein großes Anliegen, dass Dan in Ruhe arbeiten konnte, deshalb ging ich oft mit den Kindern nach draußen. Wir machten große Spaziergänge oder spielten stundenlang im nahe gelegenen Wald. Doch gegen Abend war es endlich so weit, wenn der Papa zwei freie Stunden hatte, dann durften die Kinder ins Büro rennen und bei ihrem Vater auf dem Schoss sitzen. Sie erzählten ihm von unserem abenteuerlichen Tag und ihr Daddy hörte ihnen ganz gespannt zu.

Danach setzten sie sich oft noch zu dritt ans Klavier und spielten und sangen gemeinsam fröhliche Kinderlieder. Es war jedes Mal eine wunderbare Stimmung im Haus und die Kinder waren sehr glücklich über diese „Qualitätszeit" mit ihrem Vater. Sie spürten viel Liebe und Geborgenheit.

Nicht alle Menschen haben einen leiblichen Vater, der sich wirklich für sie interessiert hat. Vielleicht hast du viele negative Gedanken, wenn du an deinen eigenen Vater denkst. Möglicherweise hat er sich dir gegenüber nicht gerade vorbildlich verhalten und dich mit Worten und Taten verletzt.

Jesus ist jedoch auf diese Welt gekommen, um uns die Herrlichkeit seines Vaters zu zeigen, der auch deiner sein möchte:

„In dem Sohn zeigt sich die göttliche Herrlichkeit seines Vaters" (Hebräer 1,3a).

Gott ist ein Vater der Liebe, der seine Menschenkinder über alles liebt und der nur das Beste für uns alle möchte. Und diese Herrlichkeit wird durch das Leben seines Sohnes Jesus widergespiegelt. Wer in einer intensiven und tief verwurzelten Beziehung mit diesem Vater lebt, der kann eine unglaublich große innere Stärke entwickeln. Unser Vater im

Himmel braucht unsere Leistung nicht, er sehnt sich vielmehr nach Herzen, die sich an seine Liebe erinnern und die dadurch innerlich so stark werden, dass sie jeden Angriff von außen überwinden können.

Als unsere Tochter Julia ungefähr drei Jahre alt war, da sagte sie einmal am Tisch zu mir: „Mama, ich zerplatze gleich, so lieb habe ich dich!" Heute ist unsere Tochter 17 Jahre alt und unsere Liebe zueinander ist immer noch sehr stark. So schrieb sie mir letztes Jahr zu Weihnachten: *„Liebe Mama! Du hast so ein gutes Herz. Ich kann immer mit meinen Problemen zu dir kommen. Ich liebe dich über alles! Deine Julia"*

Für eine Mutter ist ein solcher Brief das schönste Geschenk, das ein Kind ihr machen kann. Menschliche Liebe kann so schön sein, doch leider ist unsere Liebe auch zerbrechlich. Eltern können ihre Kinder plötzlich nicht mehr verstehen und andersherum, Freundschaften brechen auseinander und Paare trennen sich. Doch die göttliche Vaterliebe zu dir ist komplett anders. Sie ist perfekt und sie übersteigt alles. Und sie gibt dir deine wahre Identität!

Das Zeichen der Liebe

Als Jesus auf dieser Erde lebte, ließ er sich selbst auch taufen. Wir lesen im Matthäusevangelium:

„In diesem Augenblick öffnete sich der Himmel über ihm, und er sah den Geist Gottes wie eine Taube herabkommen und sich auf ihm niederlassen. Gleichzeitig sprach eine Stimme vom Himmel: ‚Dies ist* mein geliebter Sohn, *über den ich mich von Herzen freue'" (Matthäus 3,17).

Wie gerne wären wir bei diesem Ereignis dabei gewesen. Der Himmel hat sich unerwartet für alle geöffnet und jeder bekam einen kurzen Einblick in die himmlische Welt. In diesem Moment machte der himmlische Vater seinem Sohn eine öffentliche Liebeserklärung und deklariert damit klipp und klar die Identität von Jesus Christus: *Er ist geliebt!*

Jesus war nicht mehr länger einfach nur eine Nebenfigur in diesem Land, denn nun hatten es viele Menschen mit ihren eigenen Ohren gehört: Er ist der geliebte Sohn des allmächtigen Gottes! Und diesen kostbaren Sohn schickte unser Vater im Himmel auf die Erde, um uns zu zeigen, wer er wirklich ist. Wir lesen in der Bibel:

„Denn Gott ist Liebe. Gottes Liebe zu uns ist für alle sichtbar geworden, als er seinen einzigen Sohn in die Welt sandte, damit wir durch ihn leben können" (1. Johannes 4,8-9).

Dein Vater im Himmel ist tatsächlich pure Liebe und wenn er über seinen Sohn Jesus sagt, dass er ihn liebt und sich „von Herzen über ihn freut", dann muss er sich auch über dich und mich genauso freuen. Du bist ihm wichtig, deshalb setzt er alles daran, mit dir in gutem Kontakt zu sein.

Schon im Alten Testament können wir es lesen:

„Gott freut sich, wenn er an dich denkt" (Zefanja 3,17).

Dein Vater im Himmel hat dich also voll im Blick und seine Liebe ist perfekt. Er denkt an dich. Wie oft vergessen wir es, unsere Freunde mal wieder anzurufen, oder wir verpassen einen Geburtstag von einem Verwandten. Gott ist anders, er denkt jede Sekunde an uns – und er freut sich über uns.

Als ich zur Schule ging, erlebte ich leider an manchen Tagen Mobbing in meiner Klasse. Ich wurde oft ausgelacht und mit Worten gedemütigt. Diese negativen Erlebnisse ließen mein Selbstwertgefühl in den Keller sinken und ich entwickelte mich zu einer unsicheren und verängstigten Jugendlichen. Das Leben ist manchmal nicht fair und negative Umstände können Selbstzweifel in unserem Leben hervorrufen. Aber wir ermutigen dich, nicht länger auf die negativen Stimmen von diesen Menschen zu hören. Wir

Je mehr du deinen unbezahlbaren Wert in Gottes Augen entdeckst, desto kostbarer wirst du dein Leben erachten – und dich selbst.

Christen sollten mehr auf die Worte von Jesus hören und diese tief in unserer Seele verankern, denn seine Worte sind wie Balsam für sie und getränkt von der Liebe Gottes. Jesus sagt uns:

„Liebe deinen Mitmenschen **wie dich selbst**“ *(Matthäus 22,3; Hervorh. d. V.).*

Der Sohn Gottes fordert uns auf, uns selbst zu lieben. Doch genau das ist manchmal gar nicht so einfach. Deshalb ist es so wichtig zu wissen, wie der Vater im Himmel über uns denkt. Nicht alle Gedanken, die wir haben, entsprechen der Wahrheit. Ganz schnell können sich Lügen über uns selbst in unserem Leben breitmachen.

Ich hatte damals den negativen Stimmen meiner Mitschüler Raum in mir gegeben und so wurden sie zu negativen Gedanken über mich selbst, die sich tief in meinem Innern verankerten. Doch dann erkannte ich, wie mein Vater im Himmel über mich denkt, und ich brach alle diese Lügen im Namen Jesu. Ich entdeckte meine wahre Identität und erlebte eine ganz neue Freiheit.

Gottes Liebe ist in dein Herz ausgegossen und aufgrund dieser Liebe darfst du dich selbst so annehmen, wie du bist – denn Gott hat dich wunderbar und einzigartig erschaffen (vgl. Psalm 139). Du bist wertgeschätzt von deinem himmlischen Vater und in der Bibel lesen wir:

„Unauslöschlich habe ich deinen Namen auf meine Handflächen geschrieben“ (Jesaja 49,16).

Ja, so wertvoll bist du in Gottes Augen, dass er deinen Namen in seine Handfläche geschrieben hat. Du bist nicht einfach nur irgendeine Nummer auf dieser Erde, sondern ein kostbares Einzelstück. Du kannst dir Gottes Liebe niemals erarbeiten, du darfst sie einfach als Geschenk annehmen. Je mehr du deinen unbezahlbaren Wert in Gottes Augen entdeckst, desto kostbarer wirst du dein Leben erachten – und dich selbst.

Der ewige Stern

Wenn wir erkennen möchten, wer Jesus wirklich ist, dann sollten wir uns zunächst den Anfang seiner Geschichte hier auf Erden noch einmal anschauen. Wie uns wahrscheinlich allen bestens bekannt ist, wurde Jesus in einem einfachen Stall in Bethlehem geboren. Seine Mutter Maria brachte ihn nach einer rund 100 km langen Reise in ärmsten Verhältnissen zur Welt.

Als Zeichen der Ankunft des Messias ließ Gott einen großen Stern über dem Stall von Bethlehem aufgehen, und alle Menschen konnten diesen hell strahlenden Himmelskörper sehen. Sogar die drei Weisen aus dem Morgenland konnten den Stern aus weiter Ferne sehen und folgten ihm, bis sie beim Stall ankamen und das Kind in der Krippe anbeten konnten.

Uns fasziniert dieses Bild aus der Weihnachtsgeschichte, wie Hirten und Gelehrte vor Jesus niederknien. Jedem war klar: Das ist der Sohn Gottes! Die Weisen würdigten ihn als König, indem sie ihm kostbare Geschenke brachten. Bevor sie den Weg zum Stall fanden, hatten die Gelehrten jedoch noch eine bemerkenswerte Begegnung mit dem König Herodes. Anfänglich suchten die Weisen aus dem Morgenland den frisch geborenen Jesus nämlich im Palast. Der Stern war für sie das Zeichen, dass ein König in Israel geboren sein musste – und diesen vermuteten sie natürlich im Palast. Die obersten Priester erklärten ihnen dann die alttestamentliche Stelle:

„Und du, Bethlehem Efrata, die du klein bist unter den Tausenden in Juda, aus dir soll mir der kommen, der in Israel Herr sein wird, dessen Ausgang von Anfang und von Ewigkeit her gewesen ist" (Micha 5,1; Lutherbibel).

In dieser Schriftstelle erfahren wir auch, dass Jesus schon immer da war und für immer bleiben wird. Genau das ist seine Identität. Er ist der Ewige. Der große Stern über dem Stall leuchtet für einen ewigen

König. Stell dir das einmal vor, du kennst einen ewigen König und du gehörst zu seiner ewigen Königsfamilie!

„Jesus Christus ist und bleibt derselbe, gestern, heute und in alle Ewigkeit" (Hebräer 13,8).

Wir Menschen denken und leben innerhalb einer begrenzten Zeit, deshalb betrachten wir die Dinge vor einem beschränkten Horizont. Wenn wir jedoch die Ewigkeit im Blick haben, wird sich unser Blickwinkel verändern.

Jesus leuchtet für immer und auch wir Menschen können wie die Sterne strahlen. Gott gibt uns einen wunderbaren Auftrag:

Er möchte uns für sein Reich einsetzen. Aber wir können diesen Auftrag nur erfüllen, wenn wir tief im Herzen wissen, was unser Auftrag überhaupt ist und wer wir sind. In der Bibel lesen wir:

„Die Weisen und Verständigen aber werden so hell strahlen wie der Himmel. Und diejenigen, die vielen Menschen den richtigen Weg gezeigt haben, leuchten für immer und ewig wie die Sterne" (Daniel 12,3).

Gott hat eine Aufgabe für dich auf dieser Welt. Genau du wirst gebraucht und Gott möchte dich an dem besten Platz für dich einsetzen. Auch Jesus hatte seine Aufgabe auf dieser Welt: Er ist gekommen, um uns Menschen zu dienen.

Jesus ist der Sohn Gottes

Einer der größten Streitpunkte um Jesus war die Frage, ob er wirklich der Sohn Gottes ist. Die Menschen fragten ihn immer wieder: „Wer bist du wirklich?" Sein „Lifestyle" und seine guten Taten irritierten sie. Jesus erklärte seinen Jüngern und den Pharisäern seine Identität ganz genau. Wir lesen dazu im Markusevangelium:

„Die Hohepriester stellten ihm eine weitere Frage: ‚Bist du der Christus, der von Gott erwählte Retter, der Sohn Gottes?' ‚Ja, der bin ich', antwortete Jesus" (Mk 14,61; weitere Belegstellen: Mt 16,16; Mk 8,29).

Die Pharisäer waren von dieser glasklaren Antwort total überrascht, denn für die damaligen Schriftgelehrten war das eine eindeutige Gotteslästerung. „Das geht doch nicht!“, dachten sie. Und tatsächlich konnten sie die wahre Identität von Jesus nicht erkennen, deshalb verurteilten sie ihn zum Tod am Kreuz. Doch ein römischer Soldat, der die Kreuzigung miterlebt hatte, kam schließlich ins Nachdenken. Wir lesen im Markusevangelium:

„Der römische Hauptmann, der gegenüber vom Kreuz stand, hatte mit angesehen, wie Jesus starb, und rief: „‚Dieser Mann ist wirklich Gottes Sohn gewesen!‘“ (Markus 15,39).

Plötzlich erkannte er die wahre Identität von Jesus. Jesus Christus gehört in die Familie Gottes, und sein Auftrag auf dieser Welt war es, den Weg ans Kreuz zu gehen. Und in seiner Identität liegt eine große Kraft und Macht, denn es handelt sich tatsächlich um den Sohn des allmächtigen Gottes.

Das sollten wir in der Tiefe der Bedeutung erkennen: Wenn wir an Jesus Christus glauben, dann haben wir Kontakt mit einer unglaublich großen Kraftquelle. Jesus ist kein toter Gott, er ist derjenige, dem die ganze Macht im Himmel und auf Erden gegeben ist (vgl. Matthäus 28,18).

Genau das ist seine Identität als Sohn Gottes. Und wenn du an diesen Jesus glaubst und sein Heiliger Geist in dir wohnt, dann steckt diese Kraft in dir selbst. In Jesus Christus bist du in alle Ewigkeit geliebt und gestärkt!

Jesus wusste also ganz genau, wer er war; unsere Frage an dich ist: Weißt du auch, wer du wirklich bist? Jesus war sich seiner Identität sicher und niemand konnte ihn aufhalten, seine Bestimmung zu leben. In der Bibel lesen wir:

„Gott selbst hat unser und euer Leben auf ein festes Fundament gestellt, auf Christus, und uns mit seinem Geist erfüllt“ (2. Korinther 1,21).

Wer an Jesus Christus glaubt, der hat ein festes Fundament in seinem Leben und an dieser felsenfesten Grundlage kann niemand rütteln. Selbst wenn in deinem Leben einmal „alle Stricke reißen", bleibt dieses feste Fundament bestehen und schenkt dir Sicherheit und Ruhe. Menschen können uns verlassen, Situationen können sich ändern, Kräfte können schwinden, aber dein festes Fundament in Jesus Christus wird sich in Ewigkeit nicht ändern.

Menschen können uns verlassen, Situationen können sich ändern, Kräfte können schwinden, aber dein festes Fundament in Jesus Christus wird sich in Ewigkeit nicht ändern.

Damit meinen wir nicht, dass wir nicht auch mal traurig oder enttäuscht sein können. Darum geht es nicht. Es geht vielmehr um unsere grundlegende Sicherheit, die wir in Jesus haben. Jesus Christus ist der Sohn Gottes und deshalb ist er der Mächtigste, den wir jemals auf dieser Erde gesehen haben. Er hat nicht nur einen kleinen Machtbereich – nein –, er hat *alle* Macht. Dein Fundament ist demnach die größte Kraft dieser Erde!

Aber warum gibt es dann trotzdem so viele Christen, die sich geschwächt und unsicher fühlen? Wir denken, das liegt daran, dass sie noch nicht erfahren haben, welche Kraft und Macht *wirklich* in Jesus Christus liegt. Sie stehen zwar auf diesem Fundament, weil sie an ihn glauben, und sie gehen vielleicht sogar regelmäßig in die Kirche, aber die Verbindung zu diesem Fundament wurde noch nicht wirklich aktiviert. Und deshalb kann auch noch nicht die vollständige Kraft Jesu in ihr Leben fließen.

Es ist nett zu wissen, dass Jesus Christus ein gutes Fundament ist, aber es wird dich nicht zur Entfaltung bringen, wenn du bei diesem Gedanken stehen bleibst. Jesus hat mehr für dich vorbereitet. Er möchte so stark in deinem Leben werden, dass du es in Ruhe und Sicherheit genießen kannst.

Als Jesus zwölf Jahre alt war, durfte er mit seinen Eltern von Nazareth nach Jerusalem zum Passahfest reisen. Jedes Jahr feiern die Juden dieses Fest zur Erinnerung an den Auszug aus Ägypten. Mose hatte sie damals aus der Sklaverei in die Freiheit nach Israel geführt und das war für das Volk Israel ein großes Wunder. Aus diesem Grund feiern die Israeliten bis heute das Passahfest.

Wir waren selbst als Familie vor zwei Jahren um diese Zeit in Israel und wir erlebten, wie dieses Fest gefeiert wird. Zur Zeit der Bibel dauerte das Passahfest sieben Tage lang und jede Familie opferte ein Lamm zur Ehre Gottes. Als Maria und Josef sich von den Feierlichkeiten wieder auf den Heimweg machen wollten, da merkten sie plötzlich, dass ihr Sohn Jesus verloren gegangen war. Sie suchten ihn in der ganzen Stadt und fanden ihn letztendlich im Tempel. Dort diskutierte er mit den Schriftgelehrten und war in eine theologische Diskussion vertieft.

Als Maria Jesus fragte, warum er dort geblieben war, antwortete Jesus seiner Mutter:

„Habt ihr denn nicht gewusst, dass ich im Haus meines Vaters sein muss?“ (Lukas 2,49).

Es war und ist seine Bestimmung, mit seinem Vater verbunden zu sein. Jesus gehört unzertrennlich mit seinem Vater sowie mit dem Heiligen Geist zusammen. Zu dritt bilden sie eine Einheit. Die Trinität ist ein Zeichen größter Verbundenheit. Sie sind drei und doch eins. Jesus wusste ganz genau, dass sein Platz im Haus seines Vaters ist. Er gehört zu seinem Papa und will in tiefer Verbundenheit mit ihm sein.

Wir Menschen wissen manchmal nicht so genau, wo unser Platz ist. Vielleicht fühlen wir uns teilweise sogar absolut fehl am Platz. Aber Gott hat für jeden Menschen einen Ehrenplatz in seinem Herzen und auf dieser Erde. Du bist wichtig, gehörst dazu und hast deshalb die Möglichkeit, jederzeit mit deinem Vater im Himmel in tiefer Verbindung zu leben.

Je mehr wir diese Wahrheit in unseren Herzen verankern können, desto mehr Sicherheit und Geborgenheit werden wir erfahren. Es kommt nicht darauf an, wo du wohnst oder in welcher Situation du gerade stehst, du gehörst zur Familie Gottes und dein Platz darin steht fest. Je mehr du dir dieses Platzes bewusst wirst, desto mehr wirst du die Beziehung zu deinem Vater vertiefen. In seiner Gegenwart ist Sicherheit, Ruhe und Kraft.

> ***Es kommt nicht darauf an, wo du wohnst oder in welcher Situation du gerade stehst, du gehörst zur Familie Gottes und dein Platz darin steht fest.***

Als ich vor einigen Monaten angefangen habe, an diesem Buch zu schreiben, zog ich mich für einige Tage in die Stille zurück. Ich befand mich in einem Hotelzimmer in einem kleinen Erholungsort in den Bergen. In diesem Zimmer stand ein kleines rotes Sofa. Während einer Gebetszeit zeigte Gott mir ein inneres Bild und ich „sah“ plötzlich, wie eine Person auf diesem Sofa saß. Ich konnte nur die Umrisse dieser Person sehen, aber ich wusste, es war Jesus. Ich hatte so stark den Eindruck, dass Jesus mir seine Nähe zeigte. Diese innere Begegnung dauerte nur einen ganz kurzen Moment, danach war das Sofa wieder leer. Es war ein wunderschöner und eindrücklicher Moment in meinem Leben. Jedes Mal, wenn ich danach in mein Zimmer kam, sagte ich mit einem Blick zum Sofa erst mal: „Hallo Jesus!“

Wenn wir doch tatsächlich glauben, dass Gott allgegenwärtig und immer bei uns ist, dann wäre dies ein ganz selbstverständliches Verhalten. Egal, wo du dich gerade befindest, du darfst wissen: Der dreieinige Gott ist bei dir! Jesus sitzt neben dir im Zug, er befindet sich in deinem Wohnzimmer, in deinem Büro oder auch auf dem Beifahrersitz in deinem Auto. Wenn wir dies in der Tiefe unseres Herzens erfassen können, dann wird immer mehr von der göttlichen Kraft in unserem Alltag sichtbar werden.

„Der Vater hat mich gesandt und mir gesagt, was ich reden und verkünden soll" (Johannes 12,49).

Jesus hat so eine enge Beziehung zu seinem Vater, dass jedes Wort geklärt ist. Sie sind eine Einheit. Da gibt es keine Missverständnisse und auch keine kurzfristige Meinungsänderung. Es ist alles geklärt.

Jesus ist wie unser Bruder, denn auch du und ich sind Kinder Gottes. Uns steht die Beziehung zu demselben Vater offen, und durch diese Verbindung haben wir die Möglichkeit, Support für unser Leben zu bekommen. Das bedeutet, wenn du an dir zweifelst und du zum Beispiel glaubst, dass du nicht fähig bist, die richtigen Worte zu finden, dann kann Gott, der Vater, dir zur richtigen Zeit die richtigen Worte schenken. Du musst gar nicht immer selbst wissen, was du sagen sollst. Entscheidend ist vielmehr, dass du in der Verbindung mit Gott stehst und dir von ihm deine Energie und deine Weisheit abholst. Und genau das bedcutet loslassen und sich ganz in Gottes Hand fallen zu lassen. Du vertraust nicht auf dich selbst, sondern nimmst deine gesamte Stärke aus deinem Vertrauen in deinen Gott und deiner engen Verbundenheit mit ihm. Die Verbindung von Jesus und seinem Vater war so stark, dass Jesus sich in allen Bereichen von ihm führen lassen konnte. Zwischen ihnen war eine Herzensbeziehung, die so voller Liebe war, dass Stolz und Egoismus keinen Raum einnehmen konnten. Jesus erklärte:

„Denn mir geht es nicht darum, meinen eigenen Willen zu tun, sondern ich erfülle den Willen Gottes, der mich gesandt hat" (Johannes 5,30).

Jesus stellte sich niemals selbst in den Mittelpunkt und er badete auch niemals im Selbstmitleid. Er stellte vielmehr jederzeit Gott, seinen Vater im Himmel, in den Mittelpunkt seines Lebens und ließ sich von ihm inspirieren und leiten. Jesus wandelte in der Liebe Gottes und aus dieser Kraft heraus lebte er sein Leben mit

Je mehr wir uns von der Liebe Gottes prägen lassen und Gottes Wegweisungen befolgen, desto mehr werden wir auf sicheren Wegen gehen und entspannter unser Leben genießen können.

allen Konsequenzen. Je mehr wir uns von der Liebe Gottes prägen lassen und Gottes Wegweisungen befolgen, desto mehr werden wir auf sicheren Wegen gehen und entspannter unser Leben genießen können. Jesus sagt uns deshalb:

„Wer meine Gebote annimmt und danach lebt, der liebt mich wirklich. Und wer mich liebt, den wird mein Vater lieben" (Johannes 14,21).

Bei Jesus geht es immer um eine Herzensbeziehung der Liebe. Es handelt sich nicht um ein Gesetz, das wir Menschen krampfhaft erfüllen sollen, oder um eine Leistung, mit der wir die Liebe Gottes verdienen könnten. Jesus wünscht sich vielmehr, dass die Liebe, die Gott in unsere Herzen gegossen hat, von uns zu ihm zurückfließt.

Unser Lebensstil und alle unsere Handlungen sollen sich geprägt von der Liebe Gottes zum Positiven verändern. Jesus hat uns dazu das Beispiel gegeben und wir können ihm nacheifern und seinem Vorbild folgen. Je mehr du dich von deinem Vater im Himmel geliebt weißt, desto mehr wirst du dich schätzen lernen und merken, wie Gott dich führen und leiten möchte. Im Leben als Christ geht es nicht darum, selbst stark zu sein, sondern darum, sich in die Liebe Gottes zu verwurzeln und aus dieser Verbundenheit heraus seine Stärke zu entwickeln.

Im Leben als Christ geht es nicht darum, selbst stark zu sein, sondern darum, sich in die Liebe Gottes zu verwurzeln und aus dieser Verbundenheit heraus seine Stärke zu entwickeln.

„In seiner Liebe sollt ihr fest verwurzelt sein; auf sie sollt ihr bauen" (Epheser 3,17).

Wer nur auf sich selbst vertraut, der kann in seinem Leben zwar viel Gutes erfahren, aber wird niemals in die göttliche Dimension der Freisetzung und inneren Ruhe eintauchen. Die größte Kraft liegt in der Liebe von unserem himmlischen Vater und wenn unser Leben in dieser Liebe verwurzelt ist, dann kann uns nichts mehr langfristig aus der Bahn werfen.

Dazu bestimmt, Gott zu dienen

Die Frage ist nicht, ob Gott uns Menschen ruft und uns einen Auftrag geben möchte. Die Frage ist, ob wir auf seinen Ruf hören und unsere Bestimmung Stück für Stück leben möchten? Wir Christen sind Berufene und dürfen mehr und mehr in unsere Bestimmung kommen. Und wenn Jesus einen Auftrag gibt, dann geht er immer selbst voraus. Er sagte zu seinen Jüngern:

„Kommt, folgt mir nach!“ (Markus 1,17)

Wir begegnen immer wieder Menschen, die Angst vor einer Berufung oder einer Aufgabe haben. Aber eigentlich dürfen wir ganz entspannt sein, denn Jesus geht uns immer voraus. Du musst dir den Weg nicht selbst bereiten, sondern darfst Jesus folgen, denn er selbst ist unser Weg. Deshalb achte auf die Fußspuren von ihm, und dann folge ihnen nach. Es gibt keinen Weg, den wir gehen müssen, auf den unser liebender Vater in seinem Sohn Jesus Christus nicht schon seine segensreichen Fußspuren gesetzt hat.

Es gibt keinen Weg, den wir gehen müssen, auf den unser liebender Vater in seinem Sohn Jesus Christus nicht schon seine segensreichen Fußspuren gesetzt hat.

Als ich ungefähr 20 Jahre alt war, war es mein größter Traum, nach Afrika zu reisen und dort den armen Menschen zu helfen. Ich arbeitete damals im Bereich der Medizin und mein Ziel war es, eine Weiterbildung als Hebamme zu machen. Ich bereitete mich vor, machte ein Praktikum im Kreißsaal und lernte verschiedene Sprachen, darunter auch Italienisch. Ich bestand die Aufnahmeprüfung für die Ausbildung, doch dann kam alles anders.

In meiner Freizeit war ich gerade dabei, in einem Camp für Angehörige von alkoholkranken Menschen mitzuhelfen. Meine Aufgabe war es, für zehn Kinder ein tolles Kinderprogramm auf die Beine zu stellen. Wie immer war ich bei einem Projekt wie diesem mit Leib und Seele dabei. Doch dann war ich in diesem Camp mitten in einem Gespräch mit einem alkoholkranken Menschen und während ich ihm aufmerksam zuhörte, sprach der Heilige Geist direkt in mein Herz hinein. Ich hörte eine Stimme, die mir sagte: „Karin, du wirst keine Hebamme werden, ich möchte dich als geistliche Hebamme gebrauchen. Du wirst Theologie studieren."

Ich kann mich daran erinnern, als wäre es erst gestern gewesen. Der Ruf von Gott war so stark und so klar, dass ich daraufhin alle Pläne aufgab und mich auf den Weg zum Theologiestudium machte. Seit diesem Zeitpunkt weiß ich, dass Gott selbst mich für sein Reich eingesetzt hat, und ich habe seitdem nicht mehr aufgehört, dafür zu arbeiten. Jesus sagte zu seinen Jüngern:

„Geht hinaus in die ganze Welt und verkündet allen Menschen die rettende Botschaft" (Markus 16,15).

Er sagt damit: Bewegt euch, tut etwas! Manche Christen sind sehr zurückhaltend und farblos geworden. Man darf sie kaum als Christen erkennen, vielleicht noch am Sonntag in der Kirche, aber während der Woche merkt keiner, dass diese Personen Christen sein könnten. Doch Jesus hat uns einen Auftrag gegeben. Und Gott gibt auch dir einen Auftrag. Du hast die Bestimmung, in dieser Welt Gutes zu tun. Genau da, wo du bist, hast du die Möglichkeit, die Frohe Botschaft von Jesus zu erzählen.

Alle Menschen auf dieser Welt sehnen sich nach Frieden und Liebe. Und da, wo Jesus ist, da ist Freiheit, Liebe, Kraft und Geborgenheit. Wir treffen immer wieder Menschen, die haben keine Ahnung, dass es einen Gott gibt. Sie kennen weder die göttliche Kraft noch die Liebe, die Gott in ihre Herzen ausgießen möchte. Deshalb bist du so wichtig auf dieser Erde. Wir alle sind Botschafter der Liebe Gottes und haben die Ehre, mit unserem Sein und unseren Talenten Gott zu verherrlichen – sei es in unserer Familie, in der Nachbarschaft oder am Arbeitsplatz.

Dies tun wir nicht, weil wir es müssen, sondern weil wir Gott damit eine Antwort auf seine Liebe geben. Du bist bestimmt, um durch Jesus wahres Leben zu bringen und Menschen zu ermutigen. Go for it!

Doch etwas sollten wir bedenken: Eine Berufung für das Gute ist immer umkämpft. Das Böse in dieser Welt möchte nicht, dass du gute Früchte bringst. Der Feind ist immer auf dem Weg, um zu zerstören, und er fokussiert sich besonders darauf, das Gute kaputt zu machen. Aus diesem Grund ist unsere Standfestigkeit so wichtig und die können wir nur entwickeln, wenn wir wissen, wer wir wirklich sind.

Jesus wurde von den Menschen belächelt und manchmal regelrecht fertiggemacht. Wenn er am Sabbat eine Person heilte, dann gab es schon einen Aufstand und heftiges unreflektiertes Feedback. Wenn du für das Gute unterwegs bist, dann wird das bei dir ebenfalls immer umkämpft sein.

Als ich beispielsweise meine erste Andacht hielt, war ich total nervös und ich konnte kaum sprechen, weil ich so aufgeregt war. Eine Person kam danach auf mich zu und sagte zu mir: „Wenn ich so aufgeregt wäre wie du, dann würde ich nie mehr eine Andacht halten." Es wäre für mich ein guter Moment gewesen, um aufzugeben und in diesem Bereich keine Früchte mehr zu bringen. Aber ich bin drangeblieben und heute liebe ich es zu predigen und darf erleben, wie viele Menschen durch meine Predigten ermutigt werden. Hätte ich damals aufgegeben, wäre diese Frucht nicht gewachsen.

Du bist dazu bestimmt aufzublühen. Also lass dich niemals von anderen Menschen bestimmen, die dich davon abhalten wollen – selbst wenn sie so tun, als würden sie es gut mit dir meinen. Dein Fokus sollte immer der „Blick nach oben" sein, denn von dort bekommst du die richtigen Anweisungen für dein Leben.

Deine Sicherheit und deine Anerkennung sollen nicht von Menschen abhängig sein, vielmehr darfst du deine Stärke aus der tiefen Beziehung zu deinem Vater im Himmel entwickeln. Wer seinen Auftrag tief verwurzelt in dieser Beziehung lebt, der wird segensreiche Spuren hinterlassen.

Als ich vor einiger Zeit mit dem Auto unterwegs war, sah ich am Himmel einen wunderschönen Regenbogen. Doch dieser Regenbogen spannte sich nicht im Bogen über das Land, sondern erstreckte sich von der Erde direkt in den Himmel – und war somit streng genommen gar kein Bogen. Dieses Bild hat sich tief in mein Herz eingeprägt. Die wichtigste Beziehung, die ein Mensch haben kann, ist dieser „direkte Draht nach oben" zum himmlischen Vater.

Manchmal müssen wir uns am besten die Ohren zuhalten, damit wir uns nicht von Menschenstimmen irritieren lassen und letztendlich davon abhalten lassen, die Früchte zu bringen, die Gott in uns heranwachsen lässt. Wenn wir unseren Fokus auf Gott richten, werden wir nicht mehr so schnell in Abhängigkeit von anderen Menschen handeln, sondern die Wege gehen, die Gott für uns vorbereitet hat.

In der Begegnung mit Gott können wir göttliche Ideen, außergewöhnliche Inspirationen oder auch übernatürliche Weisheit empfangen und alles zum Segen für andere einsetzen.

Vielleicht hast du deine Rolle auf dieser Welt noch nicht gefunden und bist oft verunsichert, wo dein Platz ist, oder möglicherweise bist du gerade auch auf der Suche nach einer neuen Berufung. Jesus sagte zu Petrus:

„Ich sage dir, du bist Petrus. Auf diesen Felsen werde ich meine Gemeinde bauen"(Matthäus 16,18).

Damit setzte er Petrus als Gemeindegründer ein und der ehemalige Fischer konnte somit in seine neue Bestimmung kommen.

Dasselbe sagt Jesus zu dir:

„Du bist ..... (setze deinen Namen ein). Ich habe eine Bestimmung für dich!"

Gott kennt dich mit Namen und er hat einen Auftrag für dich. So ermutigen wir dich, dieser Bestimmung auf die Spur zu kommen. Denke dabei nicht, du könntest zu jung oder zu alt für deine Bestimmung sein. Du bist immer im perfekten Alter, um noch mehr in deine wahre Bestimmung hineinzuwachsen, und Gott wird dir den Weg aufzeigen.

Ich kann mich erinnern, wie ich vor vier Jahren auf dem Parkplatz vor dem Einkaufszentrum in unserem Ort stand und den Wocheneinkauf für meine Familie ins Auto einlud. Nachdem ich alles eingepackt hatte, manövrierte ich den vollen Wagen aus dem Parkplatz heraus und fuhr langsam die Straße runter. Da streifte mein Blick ein Schulgebäude auf der rechten Seite. Und plötzlich flüsterte eine Stimme in meinem Herzen: „Karin, in dieser Schule wirst du mal arbeiten."

Ich war total überrascht. Aber in diesem Moment hat mich Gott für die Aufgabe als Religionslehrerin in dieser Schule eingesetzt. Ich war mir sicher, dass ich dort eines Tages tatsächlich arbeiten werde – und so kam es dann auch.

Gott gebraucht nicht immer einen brennenden Dornbusch (vgl. Mose 2. Mose 3,2-4) oder eine Schrift an der Wand (Daniel 5), um zu uns zu reden. Er redet auch in Alltagssituationen zu uns und möchte dich dort erreichen, wo du gerade bist. Wenn wir Gottes Stimme hören, dann handelt es sich dabei in den seltensten Fällen um eine laute, hörbare Stimme. Es sind vielmehr starke Gedanken, die uns liebevoll in eine Richtung drängen.

Also warte nicht auf einen Zettel vom Himmel, sondern höre genau hin und achte auf deine Gedanken und Eindrücke. Dann prüfe dein Vorhaben und sprich vielleicht auch mit anderen Christen darüber, und wenn die Zeit gekommen ist, wage mutige Schritte.

KAPITEL 2:

ZWEIFEL VERBANNEN – GLAUBE UND VERTRAUEN FREISETZEN

Geheiligt werde dein Name …

Manchmal fragen wir uns, wo denn das Gottvertrauen in unserer heutigen Gesellschaft geblieben ist? Viele Menschen glauben gar nicht mehr an Gott, und selbst manche Christen zweifeln an Gottes Macht und sind sich nicht sicher, ob es den Himmel wirklich gibt oder ob Gott tatsächlich noch heute in ihrem Leben wirken kann. Menschen, die eigentlich in Freiheit durch Jesus Christus leben könnten, werden geplagt von Selbstzweifel, Unsicherheit oder Misstrauen gegenüber der Macht Gottes.

In diesem Kapitel möchten wir dir aufzeigen, wie dein Vertrauen in Gott gestärkt und vertieft werden und dein Glaube an das Größere freigesetzt werden kann. Gott hält mehr für dich bereit und er möchte, dass sich dein Vertrauen in ihn jeden Tag verstärkt, damit du entspannt leben kannst, auch wenn Herausforderungen und Schwierigkeiten auf dich zukommen.

Schritt für Schritt möchte dich Jesus führen und dein Glaubensleben zum Aufblühen bringen. Jeder mühsame Weg mit Stolpersteinen im Leben kann durch die Kraft Gottes in einen Höhenweg verwandelt werden, der zum Sieg führt. Aus diesem Grund ist es so wichtig, dass wir auch in diesem Punkt von Jesus, dem Sohn Gottes, lernen, der uns ganz bewusst dazu auffordert zu beten:

„Geheiligt werde dein Name.“

Dabei meint Jesus den Namen seines Vaters, des allmächtigen Gottes. Wenn du Gott also anbetest, dann sprichst du einen Namen aus, der Kraft und Macht hat. Und dieser Name ist heilig. Doch was bedeutet das in der Tiefe?

Jeder Mensch hat einen Namen, der Name Gottes ist jedoch ein besonderer Name. In der Bibel werden verschiedene Gottesnamen verwendet und es gibt eine Vielzahl von Bedeutungen, denen wir unbedingt Beachtung schenken sollten. Hier nur mal eine kleine Auswahl:

„Elohim“ bedeutet „Stärke“, „Macht“ oder gar „der Allmächtige“ (1. Mose 17,1; Jesaja 40,28).

„Immanuel“ bedeutet „Gott mit uns“ (Jesaja 7,14) und

„El Olam“ bedeutet „Gott der Ewigkeit“ (1. Mose 21,33).

„El Elyon“ bedeutet der „höchste Gott“ (1. Mose 14,18).

„Adonai“ bedeutet „größer als alle Götter“ (Psalm 135,5).

In diesen Bedeutungen liegt so viel Kraft. Ja, im Namen Gottes liegt die größte Kraft, die wir auf dieser Erde finden können. Gott ist allmächtig, eine stärkere und größere Macht wie die des dreieinigen Gottes gibt es nicht. Gott ist der Herr, der über die Geschichte, die Gegenwart und Zukunft und über die gesamte Schöpfung herrscht.

Ja, im Namen Gottes liegt die größte Kraft, die wir auf dieser Erde finden können.

Seine Herrschaft steht hoch über allem. Er ist der König der Könige. Was ist es für ein Privileg, an diese Macht und Herrlichkeit glauben zu dürfen! Und genau diese Herrlichkeit und Herrschaft hat uns Jesus gezeigt, als er auf diese Erde kam. Er starb am Kreuz für alle

Menschen. Er hat sich erniedrigt bis zum Tod, und gleichzeitig wurde damit sein Name über alle Namen erhöht. Durch die Auferstehung ist Jesus nicht nur der Herr über alle Menschen, sondern auch über alle Mächte wie die Macht des Todes und der Sünde (vgl. Römer 7,22-24). Aus diesem Grund sagt Jesus:

„Mir ist gegeben alle Gewalt im Himmel und auf der Erde" (Matthäus 28,18).

Wer an den Namen Gottes glaubt und im Namen Jesu betet, der agiert mit der größten und mächtigsten Kraft, die es gibt. Deshalb sagt Jesus im Vaterunser:

„*Geheiligt* werde dein Name." Heilig bedeutet „ausgesondert, abgegrenzt". Jesus richtet mit dieser Zeile unsere Gedanken, unsere Bitten sowie unsere Hoffnung auf das Wesentliche aus. Gott möchte sich als heilig erweisen und dir seine Allmacht jeden Tag zeigen. Wer also im Namen Jesu betet und glaubt, der proklamiert die unlimitierte Kraft Gottes in diesem Leben und genau diese Kraft wird früher oder später sichtbar werden.

Ich kann mich erinnern, wie unsere Kinder einmal bei ihrer Großmutter übernachteten. Sie brachte abends die Kinder ins Bett und wollte noch ein Abendgebet mit ihnen sprechen. Damals ging es einem unserer Hasen schlecht, und die Kinder wollten für ein Wunder beten. Da sagte unsere Tochter zu ihrer Großmutter: „Weißt du, Großmama, wir müssen jetzt nicht einfach nur beten, sondern wir müssen ganz dringend im Namen Jesu beten!"

Als Dans Mutter uns diese Geschichte am darauffolgenden Tag erzählte, wurden unsere Herzen mit tiefer Freude erfüllt. Unser Kind hatte verstanden, welche großartige Kraft im Namen von Jesus Christus liegt, die unser Leben und unsere aktuelle Situation komplett auf den Kopf stellen kann.

Heilig und *wundervoll*

Die Welt auf den Kopf stellen, genau das ist typisch Jesus. Als er ungefähr 30 Jahre alt war, fing er an, auf dieser Welt zu wirken, und bei seinem ersten Wunder verwandelte er gleich mal ungefähr 600 Liter Wasser in Wein.

Darüber müssen wir mal kurz nachdenken! Mein Mann Dan kommt aus einer Weinbauernfamilie und wir lieben es deshalb, gemeinsam ein Gläschen Wein zu trinken. Aus diesem Grund gefällt uns dieses erste Wunder von Jesus besonders gut. Aber in erster Linie ging es dabei nicht um den Wein, sondern um etwas viel Tieferes. Wir lesen:

„So vollbrachte Jesus in dem Dorf Kana in Galiläa sein erstes Wunder. Er offenbarte damit zum ersten Mal seine göttliche Herrlichkeit, und seine Jünger glaubten an ihn" (Johannes 2,11).

Mit diesem Wunder begann der Glaube an Jesus Christus bei seinen Jüngern. Sie entschieden sich in ihren Herzen, Jesus zu vertrauen. Sie hatten mit ihren eigenen Augen die Macht des Sohnes Gottes gesehen und konnten den Wein auf ihrer Zunge schmecken. Wow, was für eine alles übertreffende Macht – und was für eine Köstlichkeit! Sie erkannten in diesem Moment die Schönheit und die Vollmacht von Jesus Christus. Und so glaubten und vertrauten sie ihm.

Zu einem späteren Zeitpunkt war Jesus zu Gast in einem Haus und viele Menschen kamen zu diesem Ort und wollten ihn hören. In kürzester Zeit hatte es sich herumgesprochen, dass es sich lohne, diesem Jesus zuzuhören. Das Haus war bis zum Platzen gefüllt. Es gab keine Möglichkeit mehr, in das Haus zu gelangen, denn alle drängten sich und wollten Jesus hautnah erleben. Da kamen am Ende noch vier Männer und brachten einen Gelähmten auf einer Trage. Auch dieser Gelähmte wollte Jesus sehen. Aber da war absolut kein Platz mehr im Haus. Gott sei Dank hatte fast jedes Haus in Palästina eine Außentreppe. So stiegen die vier Männer mit dem Gelähmten auf das

Dach des Hauses. Kurzerhand deckten sie einige Ziegel des Daches ab, sodass eine Öffnung darin entstand.

Die Leute im Haus wunderten sich, warum plötzlich Holz und Steine von der Decke bröckelten. Dann öffnete sich das Dach und die vier Männer ließen die Trage mit dem Gelähmten darauf an einem Seil hinunter direkt vor die Füße von Jesus. Was für ein schönes Bild! Und was tat Jesus? Sagte er: „Sagt mal, spinnt ihr eigentlich? Ihr stört meine Rede und habt das Dach zerstört.“? Nein! Jesus stellte wieder einmal alles auf den Kopf. Er schaute die vier Männer und den Gelähmten liebevoll an, und dann heißt es in der Geschichte:

„Als Jesus ihren festen Glauben sah, sagte er zu dem Gelähmten: „Deine Sünden sind dir vergeben!“ (Lukas 5,20).

Was für ein Statement! Jesus vergab dem Mann seine Sünden und alle diejenigen, die rundherum standen, merkten, dass Jesus dazu anscheinend bevollmächtigt war.

In der Geschichte erwähnt Jesus den Glauben der Männer. Er sah diesen festen Glauben und macht ihn zum entscheidenden Punkt in der Geschichte. Die vier Männer hatten sehr gut gehandelt. Sie hatten den Gelähmten nicht nur getragen und irgendwohin gebracht, sie hatten gemeinsam geglaubt. Und genau darin liegt eine unglaubliche Stärke für unser Leben. Wir Christen können für uns allein glauben, aber wenn wir gemeinsam glauben, wird unser Glaube noch mehr gestärkt und wir erleben Gottes Kraft.

Je länger wir verheiratet sind, desto mehr merken mein Mann und ich, wie der gemeinsame Glaube das tragende Fundament unserer Ehe ist. Es gibt immer wieder Momente, in denen einer von uns niedergeschlagen ist oder spürt, dass der eigene Glaube gerade umkämpft ist. Das Leben bringt jede Woche neue Herausforderungen mit sich, die uns beschäftigen und niederdrücken können. Als Ehepaar können wir uns in diesen Momenten gegenseitig noch mehr nach unten ziehen, oder wir können die Stärke des gemeinsamen

Miteinander erkennen, und jeder kann für den anderen eine Ermutigung werden.

Der Glaube bleibt jedoch immer umkämpft. Selbst bei Pastoren ist er nicht immer eine feste Zuversicht, denn das Böse versucht, sein zerstörerisches Werk zu tun. Schlechte Gefühle, gemeine Worte, Geldsorgen oder ungelöste Konflikte können uns negativ beeinflussen und unsere Herzen letztendlich mit großen Zweifeln füllen.

Es sind diese Momente, in denen sich Unsicherheit, Selbstzweifel, Angst und Erschöpfung breitmachen. Wie gut ist es, wenn uns in genau diesen Momenten andere Menschen zur Seite stehen und mit uns den Glauben leben. Deshalb ist die Gemeinschaft in einer Gemeinde auch so wichtig.

In der Geschichte von dem geheilten Gelähmten sieht Jesus den gemeinsamen Glauben der Männer. Genauso kann er auch deinen Glauben sehen. Er wünscht sich, dass dein Herz mit Glauben erfüllt ist.

Der Gelähmte wollte zu Jesus, weil er ihm vertraute. Er war sich sicher, dass sich eine Begegnung mit diesem Jesus lohnen würde. Und dann sagte Jesus zu ihm: „Deine Sünden sind dir vergeben!" Dieser Satz zeigt uns auf, dass Jesus unsere Sünden vergibt, wenn wir anfangen, an ihn zu glauben und ihm zu vertrauen. Jesus kam auf diese Erde, um uns zu retten. Dafür starb er am Kreuz.

Die Schriftgelehrten, die auch in diesem Haus anwesend waren, hatten jedoch eine andere Meinung. Sie waren total irritiert und behaupteten, Jesu Aussage sei Gotteslästerung. Sie waren der Überzeugung, dass nur Gott Sünden vergeben konnte. Alles andere war Gotteslästerung und wer damit etwas zu tun hatte, der wurde gnadenlos gesteinigt. Einmal mehr stellte Jesus jedoch alles auf den Kopf und sagte:

„Aber ich will euch beweisen, dass der Menschensohn die Vollmacht hat, hier auf dieser Erde Sünden zu vergeben.'" Und er for-

derte den Gelähmten auf: „Steh auf, nimm deine Trage und geh nach Hause!'" (Lukas 5,24).

Jesus heilte den Gelähmten und er konnte auf wundersame Art und Weise wieder aufstehen. Der Sohn Gottes hat Vollmacht und er zeigt seine Kraft, indem er Sünden vergibt *und* indem er den Körper von diesem kranken Mann berührt und heilt. Was für ein Wunder! Aber der Glaube an Jesus geht diesem Wunder voraus. Der Gelähmte vertraut ihm und begibt sich komplett in seine Hand und dadurch kann das Wunder geschehen.

Ganzheitlich geheilt

Wenn ein Mensch beginnt, an Jesus zu glauben, dann verändert sich sein Leben zum Positiven. Wer zum Glauben an Jesus Christus findet, der wird durch seinen Glauben positive Auswirkungen an Körper, Seele und Geist erfahren.

Unsere Seele ist der Sitz unserer Gefühle. Und genau dort kann sich auch ein Gefühl von Unsicherheit breitmachen, wenn wir zweifelnde Gedanken bekommen. Vielleicht fühlte sich der Gelähmte zwischenzeitlich auch unsicher oder er zweifelte an der Kraft Jesu. Er war jedenfalls total abhängig von anderen Menschen und ohne seine Freunde hätte er den Weg zu diesem Haus niemals geschafft. Er war schwer krank und hinzu kam, dass zur damaligen Zeit behinderte Menschen kaum Beachtung bekamen. Bestimmt hatten diese Umstände auch Auswirkungen auf seine Seele und somit auf seine Gefühle. Doch dieser Gelähmte hatte echt große Gunst mit seinen lieben Freunden, die ihn und seinen Glauben buchstäblich trugen.

Unser Sein besteht aber nicht nur aus Körper und Seele, sondern eben auch aus dem Geist. Der Geist ist der Ort der Offenbarung. Wir können mit unserem Geist etwas erfassen. Wir können lernen, studieren und Dinge erkennen. Wenn nun ein Mensch zum Glauben an Gott findet und sein Vertrauen in Jesus Christus setzt, dann kommt in diesem Moment der Heilige Geist in sein Leben und durchdringt sein ganzes Sein aus Seele (Gefühle), Körper (Begierden) und Geist (Offenbarung).

Die Kraft Gottes, die durch Jesus Christus in uns lebt, möchte unsere Gefühle positiv beeinflussen. Gerade wenn Selbstzweifel oder Unsicherheit in uns Raum nehmen wollen, dann möchte der Heilige Geist unsere Seele stützen (vgl. Psalm 54,6). Durch den Glauben an Jesus kann unsere Seele gestärkt werden und unser Geist erkennt durch den Heiligen Geist unsere wahre Identität, wie wir es in der Bibel lesen können:

„Der Geist selbst gibt Zeugnis unserem Geist, dass wir Kinder Gottes sind" (Römer 8,16).

Sobald ein Mensch Jesus Christus als seinen Retter annimmt, bekommt er den Heiligen Geist geschenkt, und dieser Geist schenkt uns die Offenbarung, dass wir Kinder Gottes sind. Dabei geht es nicht darum, zuerst ein guter Mensch werden zu müssen, um sich den Himmel zu verdienen. Wir können uns das ewige Leben nicht verdienen, denn es ist ein Geschenk, das wir allein durch den Glauben an Jesus Christus empfangen. Wir lesen in der Bibel:

„Nicht wegen meiner guten Taten werde ich von meiner Schuld freigesprochen, sondern allein deshalb, weil ich mein Vertrauen [Glaube.] auf Jesus Christus setze" (Römer 3,28).

Wer den Glauben an Jesus Christus einmal angenommen hat, der ist in Gottes Hand geborgen, und ein neues Leben mit dem Geist Gottes und seiner Kraft kann beginnen. Der Start ist also gemacht und nun kann der Glaube mit jedem neuen Tag vergrößert und vertieft werden. Der Glaube kann zunehmen, weil der Heilige Geist uns Schritt für Schritt neue Erkenntnisse erfassen lässt. Die Grundlage ist geschaffen, um im Glaubensleben immer stärker zu werden und immer mehr aufzublühen.

Aber eines muss uns klar werden: Dieses Aufblühen wird immer umkämpft sein. Die Seele ist der Ort der Gefühle und unsere Gefühlswelt spielt manchmal verrückt. Zweifel und Sorgen können unsere Seele ganz schön belasten. Und auch unser Geist kann durch Schwierigkeiten beeinträchtigt werden. Wir lesen in der Bibel:

„Ein fröhliches Herz macht das Gesicht heiter; aber beim Kummer des Herzens ist der Geist niedergeschlagen" (Sprüche 15,13).

Sorgen und Nöte bringen unseren Geist in Bedrängnis und können somit auch unseren Glauben hemmen. Wenn Zweifel, Sorgen und Unsicherheit überhandnehmen, dann wird der Glaube abnehmen und wir können ihn zwischenzeitlich sogar ganz verlieren.

„Wer zweifelt, gleicht den Wellen im Meer, die vom Sturm hin- und hergetrieben werden" (Jakobus 1,6), heißt es in der Bibel. Natürlich dürfen wir zweifeln und vor Gott ehrlich aussprechen, womit wir gerade hadern, aber es ist wichtig, dass wir unsere Zweifel nicht immer weiterfüttern, sondern von Jesus lernen, wie wir wirklich aus tiefstem Herzen glauben und vertrauen können und nicht irgendwann frustriert und enttäuscht den Glauben über Bord werfen. Der Halbbruder von Jesus, Jakobus, will dem Zweifler helfen, indem er ihm Mut macht, sich nicht wie ein Seekranker hin- und hertreiben zu lassen. Jesus liebte den Zweifler und verurteilte ihn nicht.

In der Begegnung mit seinem Jünger Thomas sehen wir, dass Jesus ihm helfen wollte, seine Zweifel zu überwinden. Also sei nicht verzweifelt, wenn du zweifelst. Am Ende wird dir Jesus gute Gründe geben, um an ihm festzuhalten.

Auch Dan wird immer mal wieder von Zweifeln erfasst und genau in diesen Phasen erinnert er sich ganz bewusst an die Wunder Gottes, die er bereits erlebt hat. Außerdem begibt er sich in die Gegenwart Gottes, indem er Lobpreislieder auf seinem schwarzen Flügel spielt und dazu betend singt. Das stärkt sein Vertrauen zu Gott und seine Berufung wird gestärkt und ihm wieder glasklar. Wir lesen in der Bibel:

„Der Glaube ist der tragende Grund für das, was man hofft: Im Vertrauen zeigt sich jetzt schon, was man noch nicht sieht“ (Hebräer 11,1).

Glauben heißt vertrauen – trotz Zweifel

Wenn wir unserem Gott vertrauen, dann legen wir unsere Hand in seine Hand. Wir wissen noch nicht genau, wo uns der Weg hinführen wird. Wir kennen die Zukunft nicht, wir wissen die Lösung unseres Problems noch nicht. Aber wir glauben, dass wir einen Gott haben, der den Weg kennt. Und wir hoffen auf eine Lösung, nicht weil wir es selbst im Griff hätten, sondern weil wir einen Gott kennen, der größer als unsere Herausforderung ist.

Wenn wir unserem Gott vertrauen, dann legen wir unsere Hand in seine Hand.

Früher hatten unsere Kinder ein hohes Stockbett. Sie liebten es, in diesem Bett zu spielen und eine tolle Hütte daraus zu bauen. Wenn dann abends ihr Papa nach Hause kam, zeigten sie ihm voller Stolz ihr „Haus“. Sie setzten sich ganz oben aufs Bett, dann streckte ihr Daddy seine Arme aus und sie konnten sich mutig in sie hineinfallen lassen. Sie hatten keine Sekunde daran gezweifelt, dass ihr Daddy sie nicht auffangen würde. Es war ihnen klar, dass er sie festhalten wird.

Genauso können wir unserem himmlischen Vater vertrauen. Er streckt seine Arme aus und wir dürfen ihm blind vertrauen und uns fallen lassen. Er ist der König der Könige und er hat den besten Plan für unser Leben, aber er weiß auch um unsere Lebensstürme. Jede Herausforderung in unserem Leben ist eine neue Möglichkeit, um Gott aus tiefem Herzen zu vertrauen.

Jede Herausforderung in unserem Leben ist eine neue Möglichkeit, um Gott aus tiefem Herzen zu vertrauen.

Als Jesus in Palästina unterwegs war, gab es eine Begegnung mit einem Hauptmann des römischen Heeres. Dieser Hauptmann hatte einen kranken Diener zu Hause, den er sehr mochte. So ließ er einen anderen Diener zu Jesus senden, um ihn um Hilfe zu bitten. Jesus machte sich mit ihm auf den Weg zum Haus des Hauptmanns, doch dann lesen wir Folgendes in der Geschichte:

„Aber noch ehe sie das Haus erreicht hatten, schickte ihm der Hauptmann einige Freunde entgegen und ließ ihm sagen: Herr, mach dir nicht die Mühe, in mein Haus zu kommen: denn ich bin es nicht wert, dich zu empfangen“ (Lukas 7,6).

Die Gefühle des Hauptmanns sagten: „Ich bin nicht würdig!“ Er zweifelte an sich selbst und hatte wahrscheinlich sehr negative Gedanken über sich. Vielleicht hatte er Fehler gemacht oder er war einfach verunsichert, weil er Angst vor einem hohen Besuch wie diesem hatte. Wir wissen den Grund nicht, aber eines steht fest: Selbstzweifel, Unsicherheit oder gar Schuldgefühle können uns richtig klein fühlen lassen.

Vielleicht denkst du manchmal auch, dass dir nicht alle Sünden vergeben worden sind und du es nicht mehr „wert“ bist, mit Jesus durchs Leben zu gehen. Aber Jesus ist anders. Er stellt mit seinen Aussagen wieder einmal alles auf den Kopf. Wir brauchen keine Schuldgefühle zu haben, denn Jesus hat uns gerecht gesprochen. Wenn du Jesus in deinem Herzen angenommen hast, dann hat er für jede Sünde bezahlt und somit dürfen alle Zweifel an deinem Heil und deiner Annahme bei Gott sofort verschwinden. Wenn wir Zweifel und Unsicherheit in unserem Leben tolerieren, dann kann unser Glaube nicht aufblühen. Unser Glaube braucht Freiheit; erst dann kann er so richtig stark werden.

Die Geschichte des Hauptmanns nimmt eine erstaunliche Wendung, als er sagt:

„‚Sag nur ein einziges Wort, dann wird mein Diener gesund!‘“ Jesus sagte zu der Menschenmenge: ‚Eins ist sicher: Nicht einmal unter den Juden in Israel bin ich einem Menschen mit einem so festen Glauben begegnet‘“ (Lukas 7,7).

Der Hauptmann traute sich zwar nicht, Jesus in sein Haus einzuladen, aber er glaubte an die Kraft von nur einem Wort, das Jesus Christus spricht. Nur *ein* Wort sollte er sagen. Wenn wir Jesus beobachten, dann sagte er oft nur wenige Worte, doch die Leute wurden in ihrem ganzen Sein berührt. Beispielsweise sagt er in den Evangelien: „Steh auf" (Matthäus 9,6); „Sei gereinigt" (Matthäus 8,3); „Schweig" (Markus 4,39); „Geht hin" (Markus 5,35) usw.

Ja, Jesus kann nur ein Wort sprechen und die Welt kann ganz anders aussehen. Schon als Gott die Welt erschuf, sprach er nur ein Wort und das Licht kam oder Tiere hüpften durch die Gegend. Gottes Wort hat eine unermessliche Kraft. Und wer Gottes Wort in sein Leben hineinspricht, der wird diese Kraft selbst entdecken, und sein Glaube wird gestärkt werden. Und je mehr du die vollständige Vergebung durch Jesus Christus annimmst, desto mehr werden die Selbstzweifel weichen und Glaube wird in deinem Herzen freigesetzt.

Jesus zeigte den Menschen damals immer wieder die Größe Gottes auf. Er wollte, dass wir verstehen, wie uneingeschränkt und souverän Gott handeln kann, damit wir uns kompromisslos in seine Hände fallen lassen können. Jesus sagte zu seinen Jüngern, wie bereits angesprochen:

„Euer Vater weiß genau, was ihr braucht, schon bevor ihr ihn um etwas bittet" (Matthäus 6,8b).

Dein Leben und jede Bewegung auf dieser Welt sind Gott bestens bekannt (vgl. Psalm 139,16). Er kennt jeden Tag, der in deinem Leben noch kommen wird. Auch alles Vergangene hat er gesehen und registriert. Nichts entgeht ihm und er steht jeden neuen Tag liebevoll an deiner Seite. Er weiß, was du brauchst. Wenn du an Gott glaubst, dann hast du es mit dem verlässlichsten Partner zu tun, den du auf dieser Welt finden kannst.

Wenn du an Gott glaubst, dann hast du es mit dem verlässlichsten Partner zu tun, den du auf dieser Welt finden kannst.

Gott ist allmächtig, allgegenwärtig und allwissend. Seine Macht steht über allem, denn seine Kraft hält die Berge zusammen und mit seiner hohlen Hand kann er das gesamte Wasser der Erde messen (vgl. Jesaja 40,20). Und genau zu dieser Kraft Gottes haben wir Menschen Zugang, deshalb sagt uns Jesus:

„Bittet Gott, und er wird euch geben! Sucht, und ihr werdet finden! Klopft an, und euch wird die Tür geöffnet" (Matthäus 7,7).

Jesus verspricht uns, dass sein Vater uns etwas geben möchte. Gott ist bereit, uns Menschen zu beschenken. Er wünscht sich verlässliche Botschafter auf dieser Welt, die ihm Vertrauen schenken und die wirklich aus tiefstem Herzen an ihn glauben.

Dan und ich haben es immer wieder erlebt, wie Gott uns reich beschenkt hat. Beispielsweise lebten wir mit unseren zwei Kindern und unseren zwei Katzen in einer sehr kleinen Wohnung. Unser Budget ließ es nicht zu, in ein Haus zu ziehen oder gar ein Haus zu kaufen. Jedoch beteten wir täglich für einen besseren Wohnraum und ja, wir beteten auch mutig für ein Haus. Mein Wunsch war es vor allem, eine kleine Schreibstube zu bekommen, in der ich ungestört schreiben könnte. Ich hatte damals meinen Arbeitsplatz an einem kleinen Tisch mitten in unserem kleinen Wohnzimmer, das gleichzeitig den Eingangsbereich der Wohnung darstellte.

So beteten wir täglich um ein Wunder und ich war überzeugt von den Möglichkeiten Gottes. Ich zweifelte jedoch manchmal daran, ob ich es wirklich verdient hätte und ob man auch als Pastorenfamilie überhaupt ein Haus besitzen „durfte". Und hatte Gott tatsächlich Zeit für diese Angelegenheit?

Doch dann konnten wir überraschend ein Haus besichtigen. Es handelte sich um ein wunderschönes Haus und ganz oben unter dem Dach gab es ein kleines Zimmer mit einem eingebauten Bücherregal. Ich realisierte in diesem Moment: *Gott denkt an mich!* Auf wundersame Art und Weise konnten wir dieses Haus dank der Unterstützung unserer Familie dann tatsächlich kaufen und heute schreibe ich in diesem kleinen Zimmer dieses Buch. Jeden Tag sage ich Gott seitdem Danke für dieses großartige Geschenk.

Wachsender Glaube ist umkämpfter Glaube

Die Frage, die sich jetzt stellt, ist, wie wir denn mehr Glauben entwickeln können. Wie können wir es schaffen, tatsächlich in jeder Situation zu glauben und Gott zu vertrauen? Und ist das überhaupt möglich? Warum schleichen sich oft Gedanken wie: „Gott wird das eh nicht machen“ oder: „Gott hat mich vergessen“ bei uns ein? Auch die Jünger merkten damals, dass ihr Glaube oft nicht auf dem Höhepunkt stand. Auch sie wünschten sich mehr Glauben. Deshalb lesen wir im Lukasevangelium:

„Die Apostel baten Jesus, den Herrn: ‚Hilf uns, dass unser Glaube größer wird!‘“ (Lukas 17,5)

Christen, die ihren Glauben vergrößern möchten, sollten erkennen, dass dazu die Hilfe Gottes nötig ist. Wer sein Leben verändern möchte, der braucht gute Anweisungen und ein intensives Training. Wenn du zum Beispiel deine Muskeln stärken möchtest, dann kommst du nicht darum herum, Fitness zu machen. Wir können nicht erwarten, dass sich unsere Muskeln von alleine in Form bringen.

Genauso ist es im geistlichen Leben. Wenn dein Glaube zunehmen soll, dann braucht es dazu ein Training. Die Jünger haben mit einer Bitte gestartet. Sie baten Jesus selbst um Hilfe. Und du kannst dasselbe für dein Glaubensleben tun. Beginne dafür zu beten, dass dein Glaube wächst, und artikuliere deine Zweifel vor Jesus, damit er sie nehmen und in Vertrauen verwandeln kann. Sage ihm, was deinen Glauben hindert. Er kann dich verstehen, denn er sieht dein Herz. Lege dein Zweifeln in Gottes Hand und empfange im Gebet neuen Glauben von ihm.

In unserem Leben ging nicht immer alles geradeaus. Wir erlebten große Schwierigkeiten in unserer Ehe, durchlebten eine große Familienkrise, hatten Herausforderungen als Pastoren und mussten oft auch gegen Krankheit kämpfen. Aber rückblickend möchten wir keine dieser Phasen missen, denn unser Glaube konnte durch jede Lebenssituation an Stärke gewinnen.

Menschen, insbesondere Christen, haben uns oft enttäuscht, aber Gott hat sich in allem als der Erhabene und der Mächtige gezeigt. Der Glaube an ihn war unser tragendes Fundament in jeder Lebenslage. Menschen können uns ärgern, verletzen oder kränken, aber Gott ist voller Liebe und er wird sich niemals ändern. Wer auf Gott vertraut und sich nicht von anderen Menschen abhängig macht, der wird die höheren Wege für sein Leben erkennen und mit übernatürlicher Kraft beschenkt werden, um das zu tun, was Gott für ihn vorbereitet hat.

Wer auf Gott vertraut und sich nicht von anderen Menschen abhängig macht, der wird die höheren Wege für sein Leben erkennen und mit übernatürlicher Kraft beschenkt werden.

Aber Achtung! Etwas sollten wir als Christen bedenken: Je mehr wir Gott vertrauen, desto mehr wird unser Leben umkämpft sein. Jesus spricht im Matthäusevangelium von der Endzeit. Es werden Zeiten kommen, in denen werden sich selbst die Christen untereinander nicht mehr gut verstehen. Wir lesen in der Bibel:

„Viele werden sich vom Glauben abwenden, einander verraten und hassen" (Matthäus 24,10).

Die Zeiten werden immer herausfordernder für uns Christen. Der Zeitgeist macht etwas mit uns, und wir sollten uns dessen bewusst werden. Ja, der Glaube an Gott ist umkämpft, und deshalb braucht es Nachsicht und ein großes Herz für jeden Mitmenschen, der gerade zweifelt.

Paulus spricht von einem Lauf, den wir siegreich laufen sollen. Je mehr wir erkennen, wie angefochten unser Glaube an Gott ist, desto mehr werden wir im positiven Sinne um unsere Standhaftigkeit besorgt sein.

Als Jesus mit Petrus, einem seiner Lieblingsjünger, im Gespräch ist, da erklärt er ihm:

„Aber ich habe für dich gebetet, dass du den Glauben nicht verlierst. Wenn du dann zurückgekehrt bist, so stärke den Glauben deiner Brüder" (Lukas 22,32).

Jesus zeigt uns mit dieser Stelle, dass wir Gebet für unseren Glauben brauchen. Du hast die Möglichkeit, für deinen Glauben zu beten. Bitte um Standhaftigkeit für deinen Glaubens und bitte um Schutz, damit du dich nicht durch das Verhalten irgendwelcher Menschen von deinem Vertrauen in Gott abbringen lassen kannst. Ebenso hast du die Möglichkeit, für deine Kinder und deine Freunde zu beten, damit auch sie standhaft bleiben können. Ermutige deine Mitmenschen für den Glauben und stärke deinen eigenen Glauben in der Gemeinschaft mit anderen Christen. Paulus sagt uns:

„Der Glaube kommt aus dem Hören der Botschaft" (Römer 10,17).

Gottes Wort kann dein Glaubensleben erweitern und unglaublich stärken. Das war auch der Grund, warum es mir ein Herzensanliegen war, das Buch „Stärke dein Vertrauen jeden Tag" zu schreiben. Es soll dazu motivieren, Gottes Wort und somit seine übernatürliche Kraft täglich in dein Leben hineinzusprechen.

KAPITEL 3:

UNGERECHTIGKEIT SEHEN – LIEBE LEBEN

Dein Reich komme …

Seitdem Menschen auf unserem Planeten Erde leben, gibt es Ungerechtigkeiten wie Krieg, Hunger, Terror, Mobbing, Krankheit und Tod. Bestimmt könntest du selbst verschiedenste Situationen benennen, in denen du ungerecht behandelt wurdest, dich über andere geärgert hast, oder Momente, in denen du schreckliche Bilder in deinem Umfeld oder in den Nachrichten gesehen hast. Jesus hat sich in einer ganz besonderen Art und Weise um benachteiligte und ungerecht behandelte Menschen gekümmert, und er lehrt uns, nach seinem Vorbild dasselbe zu tun. Im Vaterunser lernen wir zu beten:

„Dein Reich komme.“

Was bedeutet das in der Tiefe und was hat das mit benachteiligten Menschen oder unserer Nächstenliebe zu tun? Die Frage, die wir uns stellen müssen, ist: Wo befindet sich Gottes Reich und wie sieht es aus?

Als Jesus durch das Land Israel zog, da begegneten ihm zwei Blinde. An dieser Stelle lesen wir:

„Jesus aber* innerlich bewegt*, rührte ihre Augen an; und sogleich wurden sie gesund und folgten ihm“ (Matthäus 20,34; Elberfelder Übersetzung; Hervorh. d. V.).

Jesus war innerlich bewegt, denn er hatte Mitleid mit den kranken Menschen. Es hatte ihn in seinem Herzen getroffen. Die Menschen waren ihm nicht einfach egal, sondern er fühlte mit ihnen. Wenn wir das griechische Wort „Splagchniszomai" betrachten, mit der seine Reaktion beschrieben wird, dann bedeutet es „starkes Mitleid, sodass sich die Eingeweide verdrehen". So stark hat sich Jesus mit dem Leid dieser Menschen solidarisiert.

Wie geht es uns Christen, wenn wir die Not in unserem Umfeld sehen? Können wir überhaupt erkennen, wie es den Menschen in unserer Nähe wirklich geht? Wie empfinden wir, wenn andere Menschen ungerecht behandelt werden? Oftmals sind wir in der heutigen Zeit so beschäftigt mit unserem Job, unserer Familie oder unseren eigenen Konflikten, dass wir kaum mehr unsere Augen und Ohren auf andere Menschen ausrichten können.

Eines Tages war Jesus am Sabbat in der Synagoge. Er lehrte dort die Menschen über Gottes Wort. Da kam ein Mann mit einer verkrüppelten rechten Hand herein und hörte ihm wie viele andere Menschen aufmerksam zu. Jesus hätte in diesem Moment konzentriert weiterpredigen oder sich um die reichen und angesehenen Menschen kümmern können. Aber das tat Jesus nicht, sondern er sprach den benachteiligten Mann direkt an. Wir lesen in dieser Geschichte:

„Er rief dem Mann mit der verkrüppelten Hand zu: ‚Steh auf und stell dich in die Mitte, damit alle dich sehen können!'" (Lukas 6,8).

Jesus forderte ihn auf, sich sichtbar zu machen. *Ab in die Mitte!* Bestimmt wurde dieser Mann von den Worten Jesu total überrascht und hätte nicht im Traum damit gerechnet, von Jesus so direkt angesprochen zu werden. Plötzlich ging es um ihn und alle Augen waren auf ihn gerichtet.

Sein Leben war doch eigentlich gezeichnet von Einsamkeit und niemand hatte ihm bis dahin Beachtung geschenkt. Doch in diesem Moment wurde in seinem Leben ein Schalter umgelegt. Er stand im

Rampenlicht, weil Jesus ihn vom Rande der Gesellschaft mitten unter die Leute holte.

Benachteiligte Menschen und solche, die von anderen Menschen missachtet werden, stehen bei Jesus im Mittelpunkt. Kein Mensch wird bei Jesus auf die Seite geschoben oder ausgegrenzt. Jesus, und somit die Liebe Gottes, ist für die Kranken und die angeschlagenen Menschen in die Welt gekommen. Jesus hat mit seinem Besuch auf der Erde eine Revolution in die damalige Zeit gebracht. Denn benachteiligte Menschen wurden in jener Zeit gnadenlos ausgegrenzt und waren oft bettelarm. Keiner wollte sich um sie kümmern. Doch Jesus war anders!

> ***Benachteiligte Menschen und solche, die von anderen Menschen missachtet werden, stehen bei Jesus im Mittelpunkt.***

Für diesen behinderten Mann kam in jenem Moment deshalb überraschend Gottes Reich in sein Leben. Die Dunkelheit der Einsamkeit wich von einem Moment auf den anderen dem Licht der Gemeinschaft mit Jesus. Er durfte erfahren, dass sich jemand für seine Behinderung und sein ganzes Leben interessiert.

Danach durfte er seine Hand ausstrecken und wurde durch die Kraft Gottes geheilt. Dieser kranke Mann erlebte in diesem Moment die göttliche Liebe so stark, denn vor seinen eigenen Augen wurde Gottes Herrlichkeit auf wunderbare Art und Weise sichtbar.

Segens.reich

Zu viele Christen sehen Gott als strafenden Herrscher, der mit dem Zeigefinger auf uns Menschen zeigt und uns verurteilt. Doch Gottes Reich ist anders! Durch Jesus Christus kam die Liebe Gottes auf die Erde und diese Liebe möchte jeden Menschen in seiner Situation erreichen.

Wenn du also betest: *„Dein Reich komme“*, dann ist es dein Wunsch, dass sich das Gute auf dieser Welt ausbreiten kann und dass sich die

Liebe Gottes wie ein Lauffeuer auf ihr verbreitet. Mit diesem Gebet vertreiben wir die Ungerechtigkeit und bitten die Liebe Gottes, sich zu zeigen. Und damit sich dieses wunderbare und kostbare Reich ausbreiten kann, werden Menschen wie du und ich von Gott eingesetzt. Jeder Mensch hat die Bestimmung, im Namen Jesu das Gute auf dieser Welt zu tun.

Auch in der heutigen Zeit kennen wir noch die Ausgrenzung von Menschen. Mobbing am Arbeitsplatz ist ein zunehmendes Phänomen. Genauso werden an Schulen Jugendliche oft durch andere Mitschüler ausgegrenzt und verbal in die Enge getrieben. All das geschieht hinter dem Rücken der Lehrer oder Arbeitgeber. Erst später, wenn einzelne Schülerinnen oder Schüler mit Konzentrationsstörungen, Depressionen, Essstörungen oder gar mit Suizid reagieren, kommen plötzlich die schrecklichen Geschichten dahinter ans Licht. Ausgrenzung und Mobbing hinterlassen tiefe Spuren in einer menschlichen Seele. Aus diesem Grund lehrt uns Jesus, einen anderen Lebensstil zu pflegen, und er zeigt uns im Matthäusevangelium die goldene Regel für unser Christsein und den Umgang mit anderen Menschen auf:

„Behandelt die Menschen stets so, wie ihr von ihnen behandelt werden möchtet“ (Matthäus 7,12).

Die meisten Menschen finden diesen Vers aus der Bibel richtig gut und sind mit Jesus über diesen Auftrag einverstanden. Doch warum sieht unsere christliche Welt dann nicht anders aus? Warum gibt es unter Christen immer mehr Konflikte und warum leben immer mehr Christen in nicht versöhnten Beziehungen? Vielleicht, weil wir uns nicht genug Gedanken darüber machen, wie wir gern behandelt werden würden und dass wir uns in derselben Weise anderen gegenüber verhalten könnten … Wir lieben es, wenn uns jemand etwas Gutes tut oder wenn wir verwöhnt werden. Ganz ehrlich, ich mag es, wenn mein Mann mir Komplimente macht oder mich mit einer Rückenmassage verwöhnt. Dann denke ich mir: „Danke schön, davon hätte ich gerne mehr!“

Es ist so wichtig, dass wir uns immer wieder überlegen, was wir gerne hätten und welches Verhalten wir uns vom anderen wünschen, denn mit diesem Fokus werden wir laut Jesus auch unsere Mitmenschen anders behandeln.

Manche Menschen beklagen sich, weil sie nie eine Einladung zum Essen bekommen oder weil sich anscheinend niemand für sie interessiert. Je mehr wir anfangen, unseren Blick auf andere Menschen zu richten und ihnen das tun, was mit unseren eigenen Herzenswünschen übereinstimmt, desto mehr werden wir erleben, wie sich unser Gegenüber zum Positiven verändern wird, und wie Türen zueinander geöffnet werden.

Doch so oft möchten Menschen die ganze Welt zum Positiven verändern und vergessen dabei in ihrem nächsten Umfeld, Gutes zu tun. Und deine nächsten Mitmenschen befinden sich in deiner Familie. Deshalb ermutigen wir dich, deinen Blick auf sie zu richten und dir ganz bewusst zu überlegen, wie du ihnen Gutes tun kannst. Manche Christen investieren total viel Energie in ihre Arbeit oder in die Gemeinde, aber ihre Nächsten bekommen kaum noch Aufmerksamkeit.

Doch deine Gemeinde beginnt in deiner Familie, deshalb achte auf deine Nächsten. Uns war es als Eltern immer ein großes Anliegen, unsere Kinder stark zu machen. Seitdem wir verheiratet sind, bauen wir Kirche, und das macht uns alles richtig viel Freude. Wir lieben die Menschen in der Gemeinde und möchten, dass sie durch unsere Arbeit zum Glauben an Gott finden können und darin wachsen dürfen. Es ist unsere große Leidenschaft, Menschen in Gottes Reich zu dienen. Aber trotz unserer Leidenschaft für unsere Arbeit hat immer die Familie die oberste Priorität gehabt.

Es ist so wichtig, dass Kinder genügend Liebe und Aufmerksamkeit von ihren Eltern bekommen. So haben wir unseren Kindern ganz bewusst die Liebe Gottes gezeigt und immer wieder Qualitätszeit mit ihnen verbracht. Sie durften lernen, dass sie nicht immer im Mittelpunkt stehen können, aber doch von uns Eltern jederzeit wertschätzend geliebt werden. Beispielsweise haben wir unseren Kindern ganz bewusst jeden Tag über die Haare gestreichelt und ihnen damit Nähe und Wertschätzung gezeigt. Ebenso konnten sie schon früh lernen, für andere Menschen da zu sein. Wenn ich in der Sonntagsschule unterrichtete, durften sie die Stunden mitgestalten und erklärten sich schließlich freiwillig dazu bereit, den anderen Kindern ihre Spielsachen zur Verfügung zu stellen.

Außerdem besuchten wir die unterschiedlichen Menschen, die in unserer Straße lebten, und sie lernten, mit Kindern aus verschiedenen Nationen klarzukommen. Die Kinder lernten zu geben und alle Menschen gleich zu behandeln. Gleichzeitig wurden sie von uns, ihren Eltern, zutiefst geliebt.

Der Priester und Bischof in dir

Vor einiger Zeit hatte mein Mann Dan während seiner Predigtvorbereitung ein ganz besonderes „Meeting mit Gott". Dabei erkannte er eine tiefe Wahrheit, die uns vorher noch gar nicht so bewusst gewesen war. Er begriff, dass Gott uns Christen als „Priester und Bischöfe" einen jeden an seinen Platz in seiner Familie und seiner Arbeit kraftvoll und wirkungsvoll einsetzen möchte. Im Petrusbrief lesen wir:

„Ihr aber seid ein von Gott auserwähltes Volk, seine königlichen Priester, ihr gehört ganz zu ihm und seid sein Eigentum. Deshalb sollt ihr die großen Taten Gottes verkünden, der euch aus der Finsternis befreit und in sein wunderbares Licht geführt hat" (1. Petrus 2,10).

Die Bibel nennt uns Priester, und Priester haben die Aufgabe, den Menschen zu dienen, indem sie die göttliche Liebe unter ihnen verbreiten. Es geht nicht darum, einen Liebesdienst auf dieser Welt zu vollbringen, damit wir ein besserer Mensch werden oder uns gar den Himmel damit verdienen. Jesus hat den Preis für uns bereits bezahlt, deshalb sind wir vollständig gerecht gesprochen. Wir brauchen keine Leistung mehr zu erbringen. Gott hat uns durch seinen Sohn Jesus Christus das ewige Heil bereits geschenkt. Und in dieser neuen Identität dürfen wir Priester und Propheten sein.

Am Kreuz hat Jesus uns die göttliche Liebe gezeigt, und wer diese Liebe tief in seinem Herzen erfahren hat, der kann eigentlich gar nicht anders, als diese Liebe selbst weiterzugeben und zu verbreiten. Von Martin Luther stammt dieser prägende Satz:

„Ein Schuster, ein Schmied, ein Bauer – ein jeglicher hat seines Handwerks Amt und Werk, und doch sind alle gleich geweihte Priester und Bischöfe, und ein jeglicher soll mit seinem Amt oder Werk den anderen nützlich und dienstlich sein" (Martin Luther, an den christlichen Adel, 1520).

Jeder Christ ist ein Priester und ein Bischof an dem Ort, an den er gestellt wurde. Dort, wo du bist, ist dein Feld, auf dem du Priester sein und den Menschen Gutes tun kannst – an deinem Arbeitsplatz, in deiner Familie, in deiner Gemeinde und in deinem Freundes- und Bekanntenkreis. Kein Christ muss erst auf den nächsten Sonntag warten, um einen Liebesdienst zu tun.

Gott schenkt dir eine Berufung an dem Platz, an dem du bist, und du darfst jeden Tag das tun, was er dir vor die Füße legt. Vielleicht arbeitest du als Lehrer, als Softwareentwickler, als Schreiner oder als Boss einer großen Firma. Egal, an welchem Arbeitsplatz du dich täglich befindest, du hast dort einen großartigen Auftrag. Du bist dort eingesetzt, um deinen Mitmenschen ein Priester zu sein. Das, was dein Pfarrer am Sonntag macht, kannst du täglich

Gott schenkt dir eine Berufung an dem Platz, an dem du bist, und du darfst jeden Tag das tun, was er dir vor die Füße legt.

an deinem Arbeitsplatz tun. Dabei geht es nicht darum, erst mal eine Predigt zu halten und mit erhobenem Zeigefinger durch dein Büro zu laufen.

Gott möchte vielmehr, dass du mit deinem Verhalten den Menschen dienst und ein Zeugnis seiner Liebe bist. Du hast zum Beispiel die Möglichkeit, Menschen deine Zeit oder dein offenes Ohr zu schenken. Vielleicht kannst du auch für jemanden beten oder ihm ein gutes Wort zusprechen.

Der Pfarrer deiner Gemeinde kann nicht an deinen Arbeitsplatz kommen und das für dich übernehmen. Seine Aufgabe ist es, die Gemeinde zu leiten und Gottes Wort im Gottesdienst zu verkündigen. Aber an deinem Arbeitsplatz bist *du* gefragt und Gott möchte dich genau an diesem Platz gebrauchen.

Bestimmt gibt es dort Menschen, die deine Hilfe benötigen. Je mehr dich deine Kollegen als warmherzigen „Priester" am Arbeitsplatz erleben, desto mehr werden sie sich vielleicht selbst auf die Suche nach Gott machen. Wir Christen tragen eine Verantwortung für unsere Zeit und für unser Umfeld, deshalb lasst uns alle gemeinsam die Arbeitswelt mit der Liebe Gottes im positiven Sinne auf den Kopf stellen.

Je mehr deine Arbeitskollegen die Liebe Gottes in deinem Leben erkennen, desto friedlicher und entspannter wird auch die ganze Atmosphäre an deinem Arbeitsplatz. Zeige, was in dir steckt – nämlich nichts Geringeres als das Großartigste, was es gibt: Gottes Reich! Und dieses Reich bricht überall dort aus, wo du bist, wenn du Jesus im Herzen hast.

Wenn Jesus uns lehrt, dann wird es immer ganz praktisch. Und wer Jesus aus tiefstem Herzen nachfolgt, der hinterlässt an jedem Ort Spuren seiner Liebe. Jesus sagt uns:

„Und wenn einer von dir verlangt, eine Meile mit ihm zu gehen, dann geh zwei Meilen mit ihm!"(Matthäus 5,41)

Viele Menschen denken bereits am Montagmorgen an das Wochenende und betrachten ihre Arbeit als notwendiges Übel, das eben gemacht werden muss. Die Motivation ist dementsprechend niedrig, und ihre Arbeitsmoral lässt zu wünschen übrig. Sie erledigen gerade so die Arbeiten, die unbedingt gemacht werden müssen, und versuchen, sich vor jedem Mehraufwand zu drücken.

Jesus fordert uns jedoch auf, eine „zweite Meile" zu gehen. Das bedeutet viel mehr, als nur einmal im Jahr einen Liebesdienst für jemanden zu tun. Es handelt sich um eine Grundhaltung, die tief ins uns verankert sein soll und die uns bereit macht, die „doppelte" Arbeit zu tun, wenn es gerade dran ist.

Natürlich möchte Jesus nicht, dass wir permanent Überstunden machen, nur noch für die Arbeit leben und kurz vor dem Burn-out sind, es geht ihm vielmehr um eine Bereitschaft, sich in das, was wir tun, mit ganzem Einsatz zu investieren und die Augen und Ohren zu öffnen, um zu erkennen, wo und wie unsere Hilfe vielleicht gefragt ist. Das bedeutet es, „eine zweite Meile zu gehen" und den Menschen dadurch die Liebe Gottes zu zeigen.

Mein Schwiegervater ist bereits über 90 Jahre alt und er wohnt mit seiner Tochter in einem Haus in unserer Nähe. Meine Schwägerin arbeitet in einer geschützten Werkstatt, wo sie schöne Kerzen produziert.

Kürzlich fragte sie mich, ob ich ihr helfen könnte, die Gefriertruhe abzutauen, denn sie konnte diese Arbeit nicht alleine verrichten. Meine Antwort war: „Ja, wir machen das dann irgendwann mal …" Doch dann habe ich die Sache immer vor mir hergeschoben und sie musste mich bestimmt noch dreimal fragen, aber nie hatte ich Zeit. Dann endlich machten wir die Arbeit gemeinsam an einem Freitagnachmittag. Die Sache war in wenigen Stunden erledigt und wir hatten beide sehr viel Freude dabei. Meine Schwägerin war glücklich, weil ich endlich Zeit für sie gefunden hatte, und mein Herz wurde mit Freude erfüllt, weil ich sehen konnte, wie glücklich sie war.

Was möchte ich mit diesem Beispiel sagen? Die Frage ist: Hatte ich die Wochen davor wirklich keine Zeit für diese Arbeit gehabt? Jeder Mensch hat 24 Stunden am Tag Zeit, und es ist unsere Aufgabe, anderen Menschen Gutes zu tun. Ich hätte bestimmt schon früher Zeit gefunden, aber meine Motivation war nicht wirklich die größte gewesen, deshalb *nahm* ich mir keine Zeit.

Oft ist es tatsächlich keine Frage der Zeit, sondern unserer inneren Haltung. Jesus war von Grund auf bereit, jederzeit einen Liebesdienst für andere zu tun. Sein Blick war offen für die Not seiner Mitmenschen und seine Hände waren stets bereit anzupacken. Wer den Schwächeren in seinem Umfeld sieht und ihm hilft, der lebt in den Fußspuren Jesu. Jesus sagt uns:

„Glücklich sind, die Barmherzigkeit üben" (Matthäus 5,7).

In dem Wort Barmherzigkeit stecken die Worte „Erbarmen" und „Herz". Wenn wir Jesus von Herzen nachfolgen möchten und unser Leben auf dieser Welt wirklich einen Unterschied machen soll, dann braucht es zunächst eine tief gehende Veränderung unseres Herzens. Paulus fordert uns in der Bibel dazu auf, mit unserem ganzen Leben einen Gottesdienst zu feiern (vgl. Römer 12,1-2).

Barmherzig zu sein bedeutet, die egoistischen Wünsche beiseitezulegen und ein offenes Herz für benachteiligte Menschen zu bekommen. Dazu braucht es jedoch manchmal einen kleinen Schubs …

Veränderte Herzen verändern die Welt

Vor ein paar Jahren kam ein Ehepaar, Frank und Carolina, zu uns in die Gemeinde. Carolina glaubte an Gott und sie brachte ihren krebserkrankten Mann mit in den Gottesdienst. Nach der Predigt war Frank tief berührt, denn Gott war ihm in diesem Gottesdienst ganz persönlich begegnet. So kamen wir später ins Gespräch mit ihm und an diesem Tag begann Frank, an Gott zu glauben. Mit einem Gebet lud er Jesus in sein Leben ein und wir beteten um Heilung für seine Krankheit.

Ab diesem Zeitpunkt begannen Carolina und Frank als Ehepaar zu glauben und Frank wurde mit jedem Tag mehr gestärkt – in seinem Glaubensleben, aber auch körperlich.

Einige Zeit später kamen die beiden wieder auf uns zu und erzählten uns, dass sie ein Hilfswerk für Kinder in Honduras gründen möchten. Die Herzen von Frank und Carolina hatten sich so stark verändert, dass es für sie nun nichts Größeres mehr gab, als anderen Menschen tatkräftig zu helfen. So entstand das Hilfswerk *Sonrisa* in Honduras. Carolina kommt selbst aus diesem Land und kennt deshalb die Not dort. Als Paar sprachen sie jedoch nicht nur davon, was man in Honduras Gutes tun könnte, sondern setzten ihre Erkenntnisse auch in einer ganz praktischen Unterstützung um. Dank der Herzensveränderung von Carolina und Frank, die sie zu dieser „Extrameile" getrieben hatte, konnte durch *Sonrisa* schon vielen Kindern geholfen werden. So bauen sie Schulen und bieten den Kindern damit die Möglichkeit, eine gute Schulbildung in einem solide gebauten Schulhaus zu genießen, und unsere Gemeinde unterstützt sie dabei finanziell.

Jesus möchte unsere Herzen verändern und fordert uns dazu auf, die Not zu erkennen und Gutes zu tun. Was wäre, wenn jeder Christ diesen Auftrag ernst nehmen würde? Wie würde unsere Welt aussehen, wenn wir das tun würden, was wir eigentlich schon längst als unsere Aufgabe erkannt haben?

Jesus möchte unsere Herzen verändern und fordert uns dazu auf, die Not zu erkennen und Gutes zu tun.

Jesus meint es mit diesem Auftrag ernst. Er hat nicht einfach nur ein paar nette Worte gesprochen, sondern er ist auf der Suche nach Christen, die einen Unterschied auf dieser Welt machen. Deshalb hat er uns auch die Geschichte vom barmherzigen Samariter erzählt. In dieser Erzählung war ein Mann zwischen Jerusalem und Jericho unterwegs. Auf dem Weg wurde er plötzlich von Räubern überfallen. Sie schlugen ihn zusammen, raubten ihn aus und ließen ihn halbtot liegen. Einige Zeit später kam ein Priester vorbei, doch er beachtete den verletzten Mann auf dem Boden nicht und ging einfach an ihm vorbei. Wenig später ging ein Levit an ihm vorüber, doch auch er war nicht bereit, dem Mann zu helfen. Dann kam noch eine dritte Person an diesem Ort vorbei, ein Samariter:

„Er ging zu ihm hin, behandelte seine Wunden mit Öl und Wein und verband sie. Dann hob er ihn auf sein Reittier und brachte ihn in den nächsten Gasthof, wo er den Kranken besser pflegen und versorgen konnte" (Lukas 10,34).

Der Samariter war genauso unterwegs wie die anderen Männer und hatte wahrscheinlich ebenfalls keine Zeit. Niemand hat einfach so Zeit, um einen Liebesdienst zu tun. Es handelt sich um eine Entscheidung aus unserer inneren Haltung heraus. Der Samariter ging also zu dem verletzten Mann hin. Und genau das ist der entscheidende Punkt. *Er ging hin.*

Als Christen sollten wir uns auf die Socken machen und der Not einen Schritt entgegengehen. Dazu muss nicht erst ein Verletzter auf der Straße liegen und wir müssen auch nicht alle ein Hilfswerk gründen. Darum geht es nicht! Aber jeder Christ hat die Möglichkeit, mit offenen Augen durch den Alltag zu gehen und anderen zu helfen. Jeder kann mal jemandem die Tür aufhalten, eine heruntergefallene Sache aufheben, Klopapier auffüllen, ein Lächeln verschenken, einen selbst gebackenen Kuchen vorbeibringen, eine Geldspende machen oder einen einsamen Menschen besuchen.

Als vor vier Jahren Dans Mutter starb, war mein Schwiegervater plötzlich auf sich alleine gestellt. Er war mit seiner Frau über 50 Jahre verheiratet gewesen und sie hatte jeden Tag für ihn gekocht. Für Dan und mich war es selbstverständlich, dass wir nun für ihn da sein würden. So machten wir einen Plan, wie unser Vater täglich ein warmes Mittagessen bekommen und in der Gemeinschaft mit anderen Menschen sein Essen genießen könnte. Seitdem kochen wir jeden Donnerstag und Freitag für meinen Schwiegervater und er kommt zu uns an den Familientisch. An den anderen Tagen kann er zu seinem anderen Sohn oder er wird von seiner Tochter versorgt.

Wir wurden schon oft gefragt, warum wir das machen und ob das nicht anstrengend sei? Ja, es ist ein Mehraufwand, aber für uns ist es eine Ehrensache.

Wenn wir tatsächlich Nachfolger von Jesus sein möchten, dann sollten wir nicht nur davon reden, was wir tun sollten, sondern es sollte eine Ehrensache sein, für andere Menschen da zu sein. Hinzu kommt, dass drei Generationen am Tisch eine große Bereicherung für die Erziehung der Kinder sind. Jeder Mensch kann von älteren und jüngeren Menschen kostbare Dinge lernen. So haben wir am Mittagstisch mit Dans Vater oft die besten Gespräche.

Der Großvater erzählt den Kindern, wie es war, als das erste Auto in unser Ort gekommen war, oder wie er damals bei seiner Konfirmation mit seinen geladenen Gästen den Weg zur Kirche zu Fuß zurückgelegt hatte. Dabei handelte es sich nicht um einen kleinen Fußmarsch, sondern um vier Kilometer! Oder er erzählt, wie er sich während des Krieges als 6-jähriger Junge auf dem Heuboden versteckt hatte, weil ein Bomber in der Nähe des Dorfes eine Bombe verloren hatte.

Bei diesen Geschichten werden die Augen seiner Enkel immer größer und alle, die am Tisch sitzen, können noch wertvolle Dinge für ihr Leben lernen. Älteren Menschen können wir einen großen Liebesdienst tun, wenn wir Zeit mit ihnen verbringen, und gleichzeitig können wir selbst wertvolle Schätze aus diesen Begegnungen mitnehmen.

Als Christen tragen wir Verantwortung für unsere Nächsten. Jesus fordert uns auf:

„Wer euch aufnimmt, der nimmt mich auf, und wer mich aufnimmt, der nimmt Gott selbst auf, der mich gesandt hat. Wer einen meiner unbedeutendsten Jünger auch nur mit einem Schluck kaltem Wasser erfrischt, weil dieser zu mir gehört, der wird seinen Lohn auf jeden Fall erhalten" (Matthäus 10,40+42).

Alles, was du auf dieser Erde tust, wird im Himmel registriert. Jeder Liebesdienst ist ein Zeichen der gelebten Liebe Gottes und deklariert den allmächtigen und liebenden Vater. Je mehr wir uns der Verantwortung der Nächstenliebe bewusst werden, desto mehr werden wir im Alltag auf Möglichkeiten achten, Gutes zu tun – nicht weil wir es tun müssten, sondern weil es eine Ehrensache ist, für Jesus, den Besten, im Dienst zu sein.

Jeder Liebesdienst ist ein Zeichen der gelebten Liebe Gottes und deklariert den allmächtigen und liebenden Vater.

Jesus verspricht uns sogar einen Lohn im Himmel, der sich nach unseren Liebesdiensten richten wird. Ja, es werden einmal die geehrt werden, die sich um benachteiligte Menschen gekümmert haben. Jesus sagt an dieser Stelle:

„Was ihr für einen meiner geringsten Brüder oder für eine meiner geringsten Schwerstern getan habt, das habt ihr für mich getan" (Matthäus 25,40).

Alles, was wir Menschen auf dieser Welt tun, wird von unserem Gott gesehen. Er kennt unsere Gedanken und unsere Herzenshaltung. Und er wünscht sich nichts mehr als Christen, die von Herzen einander Gutes tun. Jede kleinste Liebestat auf dieser Welt ist ein riesengroßes Geschenk für Jesus.

Bei Gott geht es nicht um die Berühmtheit eines Christen oder die Anzahl seiner „Gefällt mir-"Angaben in den sozialen Medien. Jesus möchte echte Nachfolger, die jederzeit bereit dazu sind, einen Liebesdienst für ihn zu tun. Und dieser Liebesdienst wartet nicht auf einem anderen Kontinent auf dich oder am Sonntag in der Gemeinde, sondern in deiner eigenen Familie, deinem eigenen sozialen Umfeld. Deine Nächsten teilen mit dir das Haus oder den Arbeitsplatz. Erinnere dich: Du bist eingesetzt als Priester an dem Ort, an dem du gerade bist. So ermutigen wir dich, diesen Platz einzunehmen und ihn in der Liebe Gottes zu gestalten.

Vor Kurzem war Dan auf dem Weg zu einer Beerdigung. Unterwegs wollte er sich bei einer Bäckerei noch ein Brötchen kaufen. Als er gerade wieder ins Auto steigen wollte, hörte er den verzweifelten Schrei einer jungen Frau. Der Schrei hörte sich an, als wäre diese Frau in Todesnot. Dan ließ sofort alles stehen und rannte die Straße hoch. Dort sah er drei junge Männer, die die junge Frau belästigten. Dan schrie: „Stopp!“ Doch die Männer wollten die Frau nicht loslassen. Also verständigte Dan mit seinem Handy kurzerhand die Polizei. Dabei geriet er selbst in Bedrängnis, denn die Jugendlichen bedrohten nun auch ihn. Kurze Zeit später standen drei Streifenwagen auf dem Platz, und die Frau konnte in Sicherheit gebracht werden. Eine Nachbarin der Bäckerei hatte das Geschehen beobachtet. Sie kam danach zu Dan und meinte: „Endlich mal eine Person, die Mut hat und ihre Stimme für die Schwachen erhebt!“

Jesus wünscht sich Christen, die für die Gerechtigkeit einstehen. Christen, die reagieren, wenn sie Mobbing miterleben oder wenn Benachteiligte ausgeschlossen werden. Christen, die nicht nur die allseits Beliebten und Angesehenen zu ihrer Geburtstagsfeier einladen, sondern die auch den einfachen Menschen einen Ehrenplatz einräumen.

Wenn wir Jesus in den Evangelien beobachten, erkennen wir, dass ihm auch die Kinder immer sehr wichtig waren. Seine Jünger wollten die Kleinen immer wieder wegschicken, aber Jesus bat die Kinder zu sich. Seine Vision ist es, die Kinder stark zu machen und ihnen auf ihrem Lebensweg eine Hilfe zu sein. Er warnt sogar mit den Worten:

„Wer aber einen dieser kleinen, unbedeutenden Menschen, die mir vertrauen, zu Fall bringt, für den wäre es noch das Beste, mit einem Mühlstein um den Hals ins tiefe Meer geworfen zu werden" (Matthäus 18,6).

Wow, es gefällt uns, dass Jesus so klare Ansagen macht! Er mag es nicht, wenn Kinder belächelt, ausgegrenzt oder gar missbraucht werden. Kinder sind ein Geschenk Gottes und deshalb haben sie bei Jesus einen Ehrenplatz.

Wenn wir im Vaterunser beten „Dein Reich komme", dann bitten wir Gott, uns dabei zu helfen, sein Reich in dieser Welt zu bauen. Du und ich, wir sind Werkzeuge in der Hand Gottes. Er möchte uns gebrauchen, um sein Reich auf dieser Welt zu vergrößern. Immer wieder überschatten negative Dinge die Liebe Gottes. Wenn jedoch mehr Christen aufstehen und die Liebe Gottes auch wirklich leben, dann wird dieses Königreich immer sichtbarer werden.

Wenn jedoch mehr Christen aufstehen und die Liebe Gottes auch wirklich leben, dann wird dieses Königreich immer sichtbarer werden.

Gott möchte durch dein Leben ein Zeichen setzen.

KAPITEL 4:

KRANKHEIT AUSHALTEN – HEILUNG ERFAHREN

Dein Wille geschehe, wie im Himmel so auf Erden …

Immer wieder hören wir von Christen in seelsorgerlichen Gesprächen, dass sie aufrichtig und ernsthaft für kranke Menschen gebetet haben, aber diese dennoch nicht gesund geworden sind, sondern immer noch enorm leiden oder trotz aller Gebete manchmal sogar sterben mussten. Enttäuscht stehen diese Leute dann vor einem Scherbenhaufen ihres Lebens und beginnen daran zu zweifeln, ob Gott wirklich heilen kann. Sie hatten doch so fest geglaubt, warum wurden ihre Gebete trotzdem nicht erhört?

Ja, wie gehen wir damit um, wenn Gebete nicht erhört werden? Wo ist Gott, wenn es ums Thema Leid und Krankheit geht? Warum müssen Menschen überhaupt leiden, wenn es einen liebenden und allmächtigen Gott gibt?

All diese Fragen beschäftigen viele Christen und wir sind davon überzeugt, dass viele enttäuschte Menschen bei diesem Thema nach Antworten suchen. Im Vaterunser beten wir:

„Dein Wille geschehe, wie im Himmel so auf Erden!"

Jesus selbst ermutigt uns, so zu beten. Damit zeigt uns der Sohn Gottes auf, dass sein Vater über allem steht, was auf dieser Welt geschieht. Mit dieser Zeile deklarieren wir: Was Gott möchte, das soll auf dieser Welt geschehen. Die Frage ist nun, wie sieht sein Wille aus, und sind wir überhaupt bereit, uns auf Gottes Wege einzulassen?

Einerseits ist es beim Thema Krankheit ganz klar Gottes Wille, dass Menschen gesund werden. In der Bibel können wir lesen, wie viele Menschen durch Jesu Kraft geheilt wurden. Jesus hat die Kranken besucht und brauchte sie nur berühren und sie konnten wieder sehen und laufen oder durften die Befreiung von einer bösen Macht erleben. In Jesus wurde uns auch der Vater gezeigt, also können wir davon ausgehen, dass Gott durch seine Kraft auf dieser Welt Wunder tun möchte. Es ist Gottes Absicht und Wille, Menschen zu berühren und im Tiefsten gesund zu machen.

Andererseits kennt Gott aber auch jeden Tag unseres Lebens und hat die Zeit, die wir auf dieser Erde sein dürfen, bereits festgelegt. Wir lesen in der Bibel:

„Als ich gerade erst entstand, hast du mich schon gesehen. Alle Tage meines Lebens hast du in dein Buch geschrieben – noch bevor einer von ihnen begann!" (Psalm 139,16).

Unser Vater im Himmel hat unsere Tage gezählt. Er weiß, wie unser Leben verlaufen wird, und er entscheidet, ob unsere Gebete erhört werden oder nicht. Sein Wille steht letztendlich über unserem Willen, denn er weiß besser, was gut für unser Leben ist. Er hat alle Einsicht auf dieser Welt, deshalb kennt er deinen Alltag, deine Vergangenheit sowie deine Zukunft. Wir alle leben nur für eine gewisse Zeit auf dem Planeten Erde, und wenn wir diese Zeitspanne im Vergleich zur Ewigkeit betrachten, dann handelt es sich dabei nur um einen winzigen Abschnitt.

Stell dir vor, du würdest einen roten Faden quer durch Deutschland spannen und in der Mitte von diesem Faden würdest du eine Wäscheklammer befestigen. Stell dir vor, die Wäscheklammer ist symbolisch für dein Leben und der lange Faden für die Ewigkeit. Was für ein kleiner Abschnitt unser Leben doch ist!

Wir meinen, in der Ewigkeit geht es darum, alle guten Dinge „für immer“ zu haben. Wir mögen es zu bewahren und lieb gewordene Dinge zu behalten. Wie oft sagen wir, wenn eine junge Person sterben muss: „Ihr Leben war viel zu kurz.“ Menschlich gesehen ist das auch völlig richtig, aber aus der göttlichen Perspektive betrachtet ist das Leben in der Ewigkeit viel bedeutender als unser irdisches Leben.

Unser Fokus ist so oft nur auf die Gegenwart gerichtet. Wir kümmern uns um unsere Familie, gehen auf die Arbeit und machen irgendwann wieder Urlaub. Wenn wir über Krankheiten sprechen, ist es jedoch wichtig, dass wir unseren Fokus auf die Ewigkeit richten. Die Bibel schreibt:

„Denn seine Liebe zu uns ist stark und seine Treue hört niemals auf“ (Psalm 117,2).

Perspektive Ewigkeit

Die Sache zwischen uns und Gott ist eine niemals endende Geschichte. Auf dieser Welt ist alles vergänglich. Die Pflanzen verwelken, die Blätter fallen im Herbst von den Bäumen, Menschen und Tiere sterben und gute Beziehungen zerbrechen. Aber Gott ist anders! Seine Liebe zu uns ist so stark und seine Gnade hört niemals auf. Selbst wenn du am Ende deiner Tage immer schwächer wirst, so hat Gott seine Hand für immer über dir. Auch wenn du unsere Erde eines Tages verlassen wirst, fällst du als Christ nur in Gottes liebende Hand. Jesus steht nach dem Tod mit offenen Armen da und empfängt dich und du darfst in eine wunderbare Zukunft einziehen. Er selbst sagt:

Selbst wenn du am Ende deiner Tage immer schwächer wirst, so hat Gott seine Hand für immer über dir.

„Denn im Haus meines Vaters gibt es viele Wohnungen. Sonst hätte ich euch nicht gesagt: Ich gehe, um dort alles für euch vorzubereiten“ (Johannes 14,2).

Jesus ist es nicht egal, wo und wie wir einmal sein werden. Wenn jemand krank ist und sein Körper nicht mehr imstande ist zu leben, dann wird dies dennoch keine hoffnungslose Situation sein. Denn Jesus hat alles unter Kontrolle und er hat bereits vor langer Zeit eine gute Zukunft für uns Menschen vorbereitet. Wir werden darauf später noch einmal genauer eingehen. Zunächst möchten wir noch einmal zurück zu der Geburt von Jesus schauen. Schon als der Engel zu Maria kam und ihr die Geburt Jesu ankündigte, deklarierte er ihn als den ewigen Herrscher. Wir lesen im Lukasevangelium:

„Er wird mächtig sein, und man wird ihn Sohn des Höchsten nennen. Gott, der Herr, wird ihm die Königsherrschaft seines Stammvaters David übergeben und er wird die Nachkommen von Jakob für immer regieren. Seine Herrschaft wird niemals enden" (Lukas 1,32+33).

Jesus ist unser König und seine Herrschaft wird niemals aufhören. Sein Königreich besteht in alle Ewigkeit, deshalb kann unser Leben mit dem Tod nicht einfach ein Ende haben, sondern es geht weiter. Wer an Jesus glaubt, der gehört zu ihm und wird deshalb auch an dieser ewigen Zukunft teilhaben.

Die Mutter von Dan litt unter anderem an der Krankheit Polymyalgia rheumatica. Es handelt sich dabei um eine Muskelkrankheit, die unglaublich starke Schmerzen verursachen kann. In den letzten Jahren ihres Lebens konnte sie nur noch gestützt auf ihren Rollator durch die Straßen gehen. Tag und Nacht hatte sie schreckliche Schmerzen, obwohl sie eine Menge an Medikamenten einnahm. Ihr Hausarzt sagte einmal zu uns: „Wenn eine Patientin wirklich starke Schmerzen hat, dann ist es diese Frau." Sie litt jeden Tag, aber trotz ihres großen Leidens hatte Dans Mutter eine tiefe Gewissheit in ihrem Herzen. Sie glaubte an Jesus Christus und hatte sich all die Jahre an seiner Kraft festgehalten. Sie kämpfte jeden Tag in seiner Kraft gegen die Schmerzen an, und auf ihrem Gesicht lag immer ein heller Schein, der von einem tief verwurzelten Glauben an Jesus Christus zeugte. Sie betete jeden Tag um Heilung und eine Linderung ihrer Schmerzen. Sie glaubte an die Heilungskraft durch Jesus Christus, aber wurde auf dieser Erde dennoch nicht mehr gesund, sondern starb im Juni 2016 an ihrer Krankheit.

Diese Frau war und ist für mich ein großes Vorbild, denn sie warf ihr Vertrauen nicht weg, obwohl ihr Leben nicht so verlaufen ist, wie sie es sich gewünscht hatte. Wenn wir beten „Dein Wille geschehe", dann sollten wir uns darauf einlassen, wenn wirklich Gottes Wille geschieht. In der Bibel lesen wir:

„Was die Zeit auch bringen mag, es liegt alles in deiner Hand" (Psalm 31,16a).

Unser Vater im Himmel hat seine Hand über allen Geschehnissen auf dieser Erde. Wir können manches nicht verstehen und nachvollziehen. Viele Fragen werden offenbleiben, weil wir eben nicht Gott sind und uns das Verständnis für das Größere fehlt. Es gab auch in unserem Leben Krankheiten und Ereignisse, die wir nicht nachvollziehen konnten.

Ich erinnere mich zum Beispiel an ein Ereignis, das schon ein paar Jahre zurückliegt. Mit den Kindern war es nicht mehr ganz so einfach, einen Basketballverein zu besuchen oder einfach mal nach Lust und Laune eine Runde zu joggen. Also entschieden wir uns, einen Anhänger für das Fahrrad zu kaufen, in dem wir die Kinder mitnehmen und auf diese Weise ein bisschen Sport machen konnten.

Kurze Zeit später war ich oft mit diesem Gefährt unterwegs. Es machte mir total viel Spaß, mit dem Rad fahren zu können und gleichzeitig als kleinen „Trainingseffekt" ein angenehmes Gewicht von meinen zwei Liebsten im Anhänger mitzuziehen. Doch eines Tages, als ich gerade einen Berg hochfahren wollte, wurde es mir plötzlich so schwindelig, dass ich anhalten und mich sofort auf die Wiese neben der Straße legen musste.

Einige Tage danach folgten Untersuchungen bei einem Herzspezialisten und ich musste mich schließlich einer Herzoperation unterziehen. Seit jenem Tag habe ich eine Einschränkung, was meinen Herzrhythmus betrifft, und ich kann nicht mehr die hohe sportliche Leistung bringen, die vorher selbstverständlich für mich war.

Meine Herzprobleme bedeuteten eine große Veränderung in meinem Leben. Selbstverständlich bestürmten wir den Himmel mit Gebeten, es fand keine Heilung statt. Zwei Operationen führten dann schrittweise zu einer Besserung und nun helfen mir Medikamente, den Rhythmus im Griff zu behalten. Natürlich glauben wir immer noch, dass Jesus dieses Problem von der einen Sekunde auf die andere lösen könnte, aber bis jetzt ist dieses Wunder noch nicht geschehen. Und natürlich wünsche ich mir Heilung, aber ich durfte dieses Geschenk bisher noch nicht empfangen. Deshalb wurde es für mich wichtig, das Positive an der Geschichte zu erkennen und nicht beim Negativen stehen zu bleiben.

Dan und ich sind überzeugt, dass Gottes Wille perfekt ist. Und somit brauche ich mich nicht um diese Angelegenheit zu sorgen. Wir können beten, glauben und hoffen, aber das Entscheidende kann nur Jesus tun, deshalb dürfen wir jedes Gebetsanliegen getrost in seine Hand legen. Dabei ist es so wichtig, unser Anliegen auch wirklich loszulassen und darauf zu vertrauen, dass Gott so handeln wird, wie es – aus seiner (ewigen) Sicht – das Beste für uns ist.

Ich konnte in dem Zusammenhang eine Menge von meinem himmlischen Vater lernen. Mein Lebenstempo wurde durch diese Situation etwas reduziert und auch in meinem Inneren tat sich etwas. So war ich nicht mehr imstande, ein Fußballspiel oder ein Basketballspiel mit voller Energie zu bestreiten. Mein Kampfgeist beziehungsweise mein Ehrgeiz für den Sport nahm dadurch plötzlich ab. Dafür wurde ich fähig, durch diese Verlangsamung meines Lebens andere schöne Dinge zu entdecken, wie zum Beispiel das Schreiben von

Texten. Plötzlich hat Gott mir den Blick geöffnet für andere Schwerpunkte, die ich in meinem Leben setzen sollte. Außerdem kann ich heute Menschen mit Herzproblemen oder anderen Krankheiten viel besser verstehen.

Jede Schwierigkeit und Krankheit, die wir in unserem Leben durchlitten haben, hat uns am Ende stärker gemacht, weil wir den Fokus immer auf Gott ausgerichtet hielten. Je mehr wir Gottes Liebe und seiner Treue vertrauen, desto mehr können wir den Willen Gottes für unser Leben von Herzen annehmen.

Ein Wort mit heilender Kraft

Ein weiterer Punkt, den uns Gott während Zeiten der Krankheit bewusst gemacht hat, ist die Kraft, die in seinem Wort steckt. Vor allem als ich vor zehn Jahren am Tiefpunkt meines Lebens angelangt war und mit Schlafstörungen und psychischen Problemen zu kämpfen hatte, hat Gott mir die Kraft seines Wortes noch einmal ganz neu aufgezeigt. Ich begann, Gottes Wort laut in unser Leben hineinzusprechen ,und genau darin fand ich neue Stärke. Wann immer jemand krank oder angeschlagen war, haben wir seitdem Gottes Wort laut über der Situation ausgesprochen.

Je mehr wir Gottes Liebe und seiner Treue vertrauen, desto mehr können wir den Willen Gottes für unser Leben von Herzen annehmen.

Einmal hat uns eine Frau angerufen, die gerade in einer psychiatrischen Klinik war. Die Ärzte konnten ihr nicht mehr helfen, aber dann hat ihr jemand mein Buch „Liebe dein Leben jeden Tag“ in die Klinik gebracht, und die Frau hat angefangen, Gottes Wort jeden Tag in ihr Leben hineinzusprechen. Die Worte haben ihrer Seele neue Kraft geschenkt und sie konnte Stück für Stück gesund werden. Es hat mich tief berührt, dass mein Buch sie dazu motivieren konnte, die heilende Kraft von Gottes Wort zu entdecken.

In Gottes Wort liegt eine Stärke, die jede Krankheit vertreiben und unseren Körper und unsere Seele mit neuer Energie auffüllen kann. Wir haben die Möglichkeit, Gottes Wort in unser Leben zu sprechen, und glauben, dass Gott uns Heilungen schenken möchte. Aber der Zeitpunkt der Heilung, der wird „von oben" bestimmt – und auch wenn das manchmal bedeutet, dass wir erst im Himmel vollständige Heilung erfahren.

Wir können uns noch gut an die Kindheit von unserem Sohn Jonathan erinnern. Er wurde mit einem Herzfehler geboren, deshalb mussten wir regelmäßig zur Kontrolle zum Kardiologen. Als Mama habe ich diese Kontrolltermine immer mit einem schönen Ausflug mit meinem Sohn verbunden. Unsere kleine Tochter brachten wir vorher zur Oma und dann sind wir zwei mit dem Kinderwagen in die nächstgrößere Stadt gereist. Bevor die Reise losging, habe ich den anstehenden Arztbesuch immer mit meinem Sohn besprochen und schon den Besuch im Spielzeugladen nach der Untersuchung geplant. Beim Arzt freute sich Jonathan dann immer schon darauf, dass wir später in diesen atemberaubenden Laden gehen würden und er sich dort etwas Schönes aussuchen dürfte.

Was möchte ich damit sagen? Es tut uns gut, wenn wir den positiven Dingen im Leben Beachtung schenken. Wenn wir nur noch die Krankheit sehen, besteht die Gefahr, dass sich unsere Gedanken im Kreis drehen und wir uns in Angst, Unsicherheit oder sogar Depression verlieren. Deshalb fokussiere deine Gedanken in Zeiten der Krankheit immer wieder auf die schönen Dinge im Leben und tue dir Gutes.

An dieser Stelle möchte ich noch einmal auf Dans Mutter zurückkommen. Sie war damals wie gesagt oft mit ihrem Rollator in unserem Dorf unterwegs, und wann immer sie jemanden traf, setzte sie sich rückwärts auf ihren Rollator und nahm sich Zeit für ein

Gespräch. Sie parkte ihr Gefährt mitten auf der Straße und redete mit den Leuten, die gerade im Dorf unterwegs waren. Sie nahm sich einfach die Zeit und wurde so für andere Menschen eine wahre Seelsorgerin. Mitten auf der Straße fanden plötzlich intensive und wertvolle Gespräche statt. Eigentlich war sie total geschwächt und hätte ihnen ihr Leid klagen können, stattdessen verwandelte sie ihre Schwäche in eine Stärke. Ihre Krankheit war für sie kein Grund zum Jammern, sondern sie nutzte ihre Schwäche, um eine Pause zu machen und andere Menschen zu ermutigen. So hinterließ sie wunderbare Spuren des Segens.

Jesus hat sich auch immer Zeit genommen für die Menschen. Er ging zu den Kranken und wollte ihnen helfen. Betrachten wir zum Beispiel die Geschichte von Bartimäus. Er war ein blinder Mann in Jericho. Seine Augen waren schwer krank und es war ihm nicht möglich, die Welt um ihn herum zu sehen. Aber Bartimäus konnte dafür sehr gut hören, deshalb bekam er davon mit, als Jesus in der Nähe war. Und plötzlich fing er an, laut nach diesem Jesus zu schreien. Die Leute rund um ihn herum versuchten, ihn zum Schweigen zu bringen und wiesen ihn zurecht, dass es jetzt nicht um ihn ginge. Er soll gefälligst ruhig sein. Doch wir lesen:

„Aber er schrie nur noch lauter: ‚Du Sohn Davids, hab Erbarmen mit mir!‘ Da blieb Jesus stehen“ (Markus 10,48-49).

Die Kranken lagen Jesus sehr am Herzen. So blieb er auch für Bartimäus stehen und rief ihn zu sich. In diesem Moment war Bartimäus voller Freude, ließ seinen Mantel liegen und sprang auf. Und als Jesus ihn dann fragte, was sein Wunsch sei, durfte er seine Bitte vor ihn bringen: „Ich möchte sehen können.“ Hier finden wir einen wichtigen Schlüssel, wenn es um das Thema Heilung geht.

Jesus rief Bartimäus nicht einfach zu, er solle nun gesund sein, sondern er stellt ihm eine Frage, auf die der Blinde seinen Herzenswunsch aussprechen darf.

Gott möchte, dass wir unsere Wünsche vor ihn bringen. Wenn du ein Wunder erleben möchtest, dann ist es so wichtig, mit ihm in Kontakt zu sein. Denn wenn wir eine Bitte konkret formulieren, zeigen wir unserem Gott damit, dass wir ihm wirklich vertrauen und glauben, dass er das Wunder, worum wir ihn bitten, auch tatsächlich tun kann. Und wenn das Wunder dann tatsächlich passiert, wird unser Glaube umso mehr gestärkt.

So ermutigen wir dich, deine Wünsche heute ganz bewusst zu deinem Gott zu bringen. Vielleicht hilft es dir auch, deine Gebetsanliegen aufzuschreiben. Dan und ich führen ein Gebetstagebuch. Darin werden alle Anliegen aufgeschrieben, um die sich nur Jesus kümmern kann. Wann immer ich dieses Gebetstagebuch wieder einmal durchlese, kann ich nur staunen, wie Gott Schritt für Schritt immer wieder Wunder tut in unserem Leben.

Ist Gottes Wille unser Wille?

Eines Tages besuchte Jesus den Teich Bethesda, dessen Wasser heilende Kräfte haben sollte. Die Kranken warteten darauf, bis die warme Quelle aufsprudeln würde. Das Bad im Teich sollte dann eine gute Therapie für sie sein. Um diesen Teich gab es fünf Säulenhallen, in denen Blinde, Gelähmte und Verkrüppelte lagen. Unter ihnen war auch ein Mann, der seit 38 Jahren krank war. Aber dieser Kranke hatte niemanden, der ihm helfen würde. Wenn die Quelle im Teich zu sprudeln begann, hatte er keine Möglichkeit, ins Wasser zu gelangen. Seine Krankheit war zu schwer, seine Kraft zu reduziert. Bestimmt fühlte sich dieser Mann auch oft sehr einsam. So lag er schon eine sehr lange Zeit an diesem Heilungsort und hatte doch keine Chance auf Heilung. Doch dann kam plötzlich Jesus in sein Leben, und der Sohn Gottes fragte ihn:

„Willst du gesund werden?“ (Johannes 5,6).

Das ist eine gute Frage. Versetzen wir uns einmal in seine Lage: Der

Kranke liegt schon 38 Jahre lang an diesem Ort und plötzlich soll eine Veränderung in sein Leben kommen? Ist er überhaupt bereit dazu? Oder hat er sich vielleicht schon so mit seinem Alltagstrott abgefunden, dass er gar keinen Neuanfang möchte?

Auch in dieser Situation können wir von Jesus lernen. Unser Alltag kann uns total „betriebsblind machen", sodass wir uns an einen schlechten Zustand gewöhnen können. Sätze wie „Es war halt schon immer so" oder „Da kann man eh nichts ändern" können uns gefangen halten. Wir möchten dich heute herausfordern, über solche eingefahrenen Muster in deinem Leben einmal nachzudenken.

Jesus ist spontan und kommt manchmal überraschend in unser Leben. Wenn du mit ihm lebst, dann kann es plötzlich eine Veränderung geben und ganz neue Wege können sich auftun. Deshalb ist es wichtig, jederzeit für eine Veränderung oder gar für einen Neuanfang offen zu sein. Jesus ist alle Macht gegeben, deshalb kann er jede Krankheit und jede Schwierigkeit überraschend schnell überwinden. Und wir haben immer wieder die Wahl, uns zu entscheiden. Natürlich können wir unsere Heilung keinesfalls selbst machen oder sie uns durch eine Leistung verdienen, aber wir können uns entscheiden, ob wir uns auf den Weg der Heilung begeben möchten oder resignieren. Und dieser Weg beginnt mit unserem Glauben an die Heilungskraft durch Jesus Christus.

Manche Christen bleiben in ihrem Selbstmitleid stecken und sprechen vorwiegend über ihre Krankheit und über all das Negative in ihrem Leben. Sie mögen es, die Schwierigkeiten zu betonen und dadurch die Aufmerksamkeit auf sich zu ziehen. Diese Haltung entspricht jedoch nicht dem Lebensstil von Jesus. Er möchte, dass wir in jedem Bereich unseres Lebens gesund werden können. Und genau dazu ist eine feste Entscheidung unsererseits wichtig.

Deshalb fragen wir dich ganz persönlich an dieser Stelle: „Möchtest du in allen Bereichen deines Leben gesund werden?" Damit meinen wir nicht nur im Bereich des Körperlichen, sondern auch im Bereich der Seele und des Geistes.

Berührt von Jesus

Unser Sein besteht, wie bereits angesprochen, nicht nur aus dem Körper, sondern auch aus der Seele und dem Geist. Wenn wir an Krankheit und Heilung denken, haben wir oft nur den Körper im Blick. Gott möchte uns jedoch in allen Lebensbereichen Heilung schenken. Jesus hat sich immer auch um die Seele der Menschen gekümmert. Deshalb hat er mit den Kranken zuerst das Gespräch gesucht und ihnen einfach zugehört. Er hat ihnen Fragen gestellt und sich für ihr ganzes Leben interessiert – und er brachte ihnen viel Verständnis entgegen. Er hat ihre Seele berührt – und er hat ihren Körper berührt. Als zum Beispiel die Schwiegermutter von Simon Petrus krank war und mit hohem Fieber im Bett lag, berührte Jesus ihre Hand. Wir lesen in der Bibel:

„Er ging zu ihr, nahm ihre Hand und richtete sie auf. Sofort verschwand das Fieber“ (Markus 1,31).

Jesus berührt die Frau als Zeichen der Liebe. Oder an anderer Stelle lesen wir in der Bibel, wie er einen Blinden an der Hand nimmt und ihn aus der Stadt herausführt. Wenn wir unseren Mitmenschen die Hand geben, dann zeigen wir ihnen damit Wertschätzung und bringen Liebe in ihr Leben. Jesus hat uns das vorgemacht, indem er Menschen aus allen Gesellschaftsschichten die Hand gab. Gottes Sohn war sich nicht zu schade, zu den einfachen Menschen zu kommen und ihnen von Herzen zu dienen. Genauso möchte Jesus heute dir seine Hand geben. Unser Bester streckt dir seine liebenden Hände entgegen und möchte dich mit seiner Liebe und heilenden Kraft berühren.

Unser Bester streckt dir seine liebenden Hände entgegen und möchte dich mit seiner Liebe und heilenden Kraft berühren.

Im Internet haben wir eine tolle Geschichte gelesen: Ein Zwillingspärchen kam zu früh auf die Welt und eine der beiden Schwestern kämpfte um ihr Überleben. Sie hatte starke Krämpfe und ihre Haut verfärbte sich blau. Da legte die Krankenschwester das gesunde Mädchen zu dem schwächeren Mädchen in den Brutkasten und irgendwie schaffte es das stärkere Mädchen, ihren Arm um den Nacken ihrer schwachen Schwester zu legen, so lagen sie eng aneinandergekuschelt im Brutkasten. Durch diese zärtliche Berührung konnte sich das schwache Mädchen entspannen und neue Kraft schöpfen und beide Schwestern konnten überleben.

Ich kann mich gut erinnern, wie wir vor zwei Jahren als ganze Familie nach Israel reisten. Als Pastoren war es für uns ein Muss, dieses Land zu sehen, um unserer Gemeinde noch viel genauer die Begebenheiten dort beschreiben zu können. So besuchten wir als Familie auch die große Klagemauer. Die Stimmung war atemberaubend und ich beobachtete die vielen Menschen, die voller Ehrfurcht vor dieser Mauer Gott anbeteten. Julia und ich konnten es kaum abwarten, die Mauer mit unseren eigenen Händen zu berühren und dann selbstverständlich ein Gebetsanliegen auf einem kleinen Zettel in eine Ritze der Mauer zu stecken. Wir waren an dem Ort, an dem Jesus gelebt hatte, und wir spürten dort eine unglaubliche Kraft.

Wenn wir in der Tiefe gesund werden möchten, dann brauchen wir eine Begegnung mit Jesus. Er kennt unseren Körper, unsere Seele und unseren Geist. Manchmal wissen die Ärzte nicht weiter, sie haben noch zu wenig Erfahrung mit gewissen Krankheiten oder die Medizin kommt einfach an ihre Grenzen. Doch der Geist Gottes weiß alles und kennt sich in unserem Innern deshalb bestens aus.

Er kann tiefe Heilung am richtigen Ort vollbringen. Jesus hat uns ganz praktisch vorgelebt, wie wir mit Krankheit umgehen können. Er hat immer wieder seine Hände ausgestreckt und jeden Menschen, der krank war, mit seiner lieben Hand berührt. Wir können Jesus Christus nachfolgen und heute dasselbe nach unseren Möglichkeiten tun.

Dabei dürfen wir nicht vergessen, dass jedes Gebet für einen Kranken eine Auswirkung hat. Selbst wenn die vollständige Heilung noch nicht eintritt, wird jedes Gebet Ruhe, Kraft und Hoffnung in ein Leben bringen. Sobald wir Gott um etwas bitten, beginnt er mit seiner kostbaren Arbeit im Hintergrund.

Sobald wir Gott um etwas bitten, beginnt er mit seiner kostbaren Arbeit im Hintergrund.

Wir lesen in der Bibel:

„Denn das Gebet eines Menschen, der nach Gottes Willen lebt, hat große Kraft" (Jakobus 5,16).

Wir durften immer wieder erleben, wie unsere Gebete tatsächlich eine große Kraft hatten. Beispielsweise kam ein Mann in unsere Gemeinde, der gerade die Diagnose „Nierensteine" bekommen hatte. Er hatte Schmerzen und stand kurz vor einer Operation, denn die Nierensteine waren schon sehr groß. Dan und ich beteten für ihn und waren der Überzeugung, dass Gott ein Wunder tun oder aber das Gelingen der Operation schenken konnte. Wir gaben die Sache komplett in Gottes Hand und waren uns sicher, dass er das Richtige tun würde. Auch das Gebetsteam unserer Gemeinde betete an diesem Tag für den kranken Mann.

Als sich dieser Mann dann einen Tag später zur Operation anmeldete, konnten die Ärzte die Steine nicht mehr finden. Sie waren alle komplett verschwunden und die Operation konnte abgesagt werden. Wie überwältigend, wenn Gott so ein starkes und eindeutiges Wunder tut! Gott ist nicht ein alter Mann, der auf irgendeinem verstaubten Thron im Himmel sitzt und nichts mehr tut. Er ist ein lebendiger Gott, der noch heute jederzeit bereit ist, ein Wunder zu tun. Und dieser Gott sucht auf der Erde nach Menschen, die ihm vertrauen und die Glauben an seine Kraft haben. So ermutigen wir dich, mehr für kranke Menschen zu beten und dabei zu glauben, dass Gott das Richtige tun wird.

KAPITEL 5:

SORGEN ABGEBEN – ZUVERSICHT AUSSPRECHEN

Unser tägliches Brot gib uns heute …

Wie schnell können wir in Situationen geraten, in denen wir uns einfach Sorgen machen müssen. Ein unerwarteter Telefonanruf mit einer schlechten Nachricht, eine hohe Rechnung im Briefkasten oder eine überraschende Diagnose vom Arzt können uns von der einen auf die andere Sekunde in tiefen Sorgen versinken lassen. Es sind diese Momente, in denen unsere Gedanken plötzlich dunkel werden und wir sprachlos einer Situation gegenüberstehen, die wir so schnell nicht ändern können. In diesem Kapitel möchten wir dir aufzeigen, was du tun kannst, wenn dich das nächste Mal Sorgen überfallen, und wie du ihnen kraftvoll und mit göttlicher Zuversicht entgegenwirken kannst. Jesus lehrt uns im Vaterunser zu beten:

„Unser tägliches Brot gib uns heute."

Mit dieser Zeile lehrt uns Jesus zu erkennen, dass alles, was wir auf dieser Welt haben, eigentlich von Gott kommt und letztendlich ihm gehört.

Als Jesus auf der Erde war, war Brot sehr wichtig, damit die Menschen überhaupt überleben konnten. Die Leute hatten damals nicht viel, und wenn sie sich ein Brot backen konnten, dann war das alles andere als selbstverständlich. Aus diesem Grund war ihre Hauptsorge die Ernährung.

Heute sieht unsere Essenversorgung ganz anders aus. Wir müssen uns keine Gedanken darüber machen, ob wir „unser tägliches Brot" bekommen, sondern vielmehr darüber, worauf wir heute sonst noch Lust haben zu essen. Die Auswahl ist schließlich gigantisch. Wenn wir in den Supermarkt gehen und dort nur einen Becher Joghurt kaufen möchten, gibt es schon zig verschiedene Sorten, aus denen wir auswählen können. Obwohl wir heute unglaublich verwöhnt sind, was die Nahrungsmittel betrifft, so kommt letztendlich doch alles, was wir uns kaufen können, von Gott. Er ist unser Versorger und er ist der, der den Wind, den Regen und die Sonne schenkt, und der die Frucht auf den Feldern wachsen lässt. Wir lesen in der Bibel:

„Du öffnest deine Hand und sättigst deine Geschöpfe; allen gibst du, was sie brauchen. Der Herr ist gerecht in allem, was er tut; auf ihn ist immer Verlass!" (Psalm 145,16+17).

Gott weiß, was du brauchst, und er möchte dich mit allem Nötigen täglich versorgen. Er gibt uns auch nicht nur ein bisschen, sondern er will uns „sättigen". Das bedeutet, er will uns mit Gutem füllen und uns zurüsten mit dem Besten, was wir für unser Leben brauchen. Uns ist klar, dass in verschiedenen Ländern der Welt Menschen Not leiden, insbesondere auch Christen. Das Hauptproblem dieser Welt sind jedoch nicht die mangelnden Ressourcen, sondern die Verteilung derselben. Gott hätte genug Nahrungsmittel für alle Menschen bereit, aber die Ungerechtigkeit der Menschen bringt die Not in diese Welt.

Im Vaterunser lehrt uns Jesus, dass wir uns genau darüber jeden Tag bewusst werden und uns täglich an unseren Versorger erinnern.

Für uns ist es heutzutage eher schwierig, sich vorzustellen, dass die Supermärkte plötzlich leer bleiben könnten oder wir tatsächlich einen Mangel an Essen erleben, aber wir wissen nicht, ob es vielleicht auch mal andere Zeiten geben wird.

Im letzten Jahr erlebten wir einen außerordentlich trockenen Frühling, und auch der Sommer brachte kaum Regen ins Land. Als Ehepaar waren wir an einem freien Tag am Rhein unterwegs. Wir wollten am Rheinufer entlang eine kleine Wanderung machen. Doch als wir dort ankamen, sahen wir nur noch einen erbärmlichen kleinen Fluss, der kaum noch Wasser führte. Die Schiffe konnten schon längst nicht mehr auf dem Rhein fahren, denn das Wasser hatte sich zu stark zurückgezogen. Am Rand sah man eine steinige und verschlammte Uferebene, die normalerweise tief unter Wasser liegt. Der Gestank von vergammelten Wasserpflanzen und toten Fischen kroch uns tief in die Nase, sodass wir bald keine Lust mehr hatten, an diesem ekligen Rheinufer entlangzugehen.

Dieses trostlose Bild erinnerte uns daran, dass der Regen und somit auch das Wasser nicht immer selbstverständlich sind. Ehrlich gesagt erschraken wir zutiefst. Schon als Kinder sind wir an diesem Ufer entlanggewandert und haben das kühle Wasser im Sommer genossen. Doch so ein Bild der Austrocknung haben wir noch nie gesehen. Wir machten uns wirklich Sorgen und in unseren Herzen tief betroffen traten wir den Heimweg an.

Das Wasser und der Regen sind Geschenke Gottes. Alles, was wir auf unserer Erde haben, kommt aus Gottes Hand. Die Natur und das Essen sind kostbare Gaben von unserem himmlischen Vater. Jesus hat uns mit seinen Worten daran erinnert und zeigt uns, wie wichtig es ist, den richtigen Fokus auf unsere Versorgung zu haben. Je mehr wir entdecken, dass Gott tatsächlich unser Versorger ist, desto mehr werden wir in Zeiten von Sorgen mit göttlicher Zuversicht reagieren können.

Unsere Frage an dich ist deshalb: Wie reagierst du, wenn besorgniserregende Dinge in dein Leben kommen? Manche Menschen beginnen, in solchen Situationen nervös zu werden, und rennen gestresst von A nach B. Sie rufen eine Freundin oder einen Freund an, reden dabei wie ein Wasserfall und versuchen so, ihrer Not mit ihren

Worten Ausdruck zu verleihen. Andere werden in Zeiten von Sorgen plötzlich ganz still, setzen sich stundenlang mit einem Tunnelblick aufs Sofa und essen eine Menge an Süßigkeiten, oder wieder andere können gar nichts mehr essen, weil sie dermaßen geschockt sind.

Es gibt eine gute und eine schlechte Nachricht für dich. Die weniger gute Nachricht ist: Solange wir auf dieser Welt leben, werden immer wieder Sorgen und Nöte auf uns zukommen. Wir leben auf einem Planeten, der nicht in Ordnung ist. Unsere Beziehungen werden immer komplizierter, Krankheiten breiten sich aus und Umweltveränderungen sowie Krieg und Terror lassen sich scheinbar nicht vermeiden. Kein Mensch bleibt deshalb vor Schwierigkeiten bewahrt.

Doch die gute Nachricht ist: Wir kennen einen Gott, der größer ist als jede Sorge und der bereit ist, uns als starker Helfer zu unterstützen, damit wir jede Sorge in seiner Kraft überwinden können. Er möchte unsere Herzen jeden Tag mit Zuversicht und Freude erfüllen und uns somit eine Stärke geben, die jeder Sorge gestärkt in die Augen sieht und sie kraftvoll in göttliche Zuversicht verwandeln kann.

Wir kennen einen Gott, der größer ist als jede Sorge und der bereit ist, uns als starker Helfer zu unterstützen, damit wir jede Sorge in seiner Kraft überwinden können.

Voll von Sorgen – oder Liebe?

Dan ist in einer einfachen Bauernfamilie groß geworden und ich selbst lebte mit meiner Familie ebenfalls auf dem Land in der Nähe von einem Bauernhof.

Wir haben als Kinder nicht gerade den größten Luxus erlebt, und uns wurde früh beigebracht, auf dem Bauernhof der Familie beziehungsweise der Nachbarn mitzuhelfen. Wir wissen, was es heißt, mit einer Hacke auf dem Feld zu stehen und dort die frisch gewachsenen Zuckerrüben zu vereinzeln. Stundenlang lockerten wir bei dieser

Arbeit die Erde auf. Unsere Mithilfe als Kinder war dabei selbstverständlich, denn so konnten wir unseren Beitrag zu der Versorgung unserer Familien leisten, und uns wurde bewusst, dass eine Zuckerdose nicht einfach so auf den Tisch gezaubert wird.

Die Familie von Dan war eine Bauernfamilie mit sechs Kindern, und er musste nicht nur ab und zu helfen, sondern hat sehr viel Zeit mit der Arbeit auf dem eigenen Hof verbracht. Die Familie musste sparen, damit alle Familienmitglieder sowie alle Stallhelfer versorgt werden konnten. Das bedeutete für Dan und seine Geschwister, dass sie lernen mussten zu teilen. Er bekam beim Mittagessen auch als Teenager nur eine halbe Bratwurst, denn das Essen war einfach knapp. Vor den Mahlzeiten wurde immer mit großem Respekt gebetet und Gott für das Essen gedankt, denn für Dans Eltern war das Essen auf dem Tisch absolut keine Selbstverständlichkeit. Sein Vater hatte sogar noch die Kriegszeiten miterlebt, deshalb ist es für ihn noch heute die größte Schande, wenn ein Teller nicht ganz leer gegessen wird. Trotz dieser Sparmaßnahmen konnte man in Dans Familie viel Freude und Leidenschaft für die Gemeinde finden. Die Familie war (und ist) verwurzelt in der Liebe Gottes.

Unsere Sorgen haben sich heute stark verlagert. Die größte Not ist für die meisten Menschen nicht mehr das „tägliche Brot“, sondern unser Kummer liegt vielmehr in anderen Lebensbereichen wie Beziehungen, Geld, Krankheit oder Zukunftsängsten.

Welche Sorgen sind es, die dich heute plagen? Worüber denkst du nach, wenn du nachts nicht schlafen kannst oder wenn du am Morgen aufwachst und an den neuen Tag denkst?

Ich kann mich noch erinnern, wie wir als Paar in großer Sorge waren, als unser Sohn Jonathan sechs Monate alt war. Er war ein kleines, süßes Baby und lag auf der Krabbeldecke und spielte friedlich mit einem Holzspielzeug in der Hand. Doris, die Frau unseres damaligen

Pastors, war gerade bei uns zu Besuch, denn wir hatten sie kurz zuvor über die Diagnose des Herzfehlers bei unserem Sohn informiert.

So saßen wir gemeinsam mit dem Baby auf der Krabbeldecke und sprachen über die bevorstehende Operation. In diesem Moment sagte diese weise Frau zu mir: „Karin, es bringt uns keinen Schritt weiter, wenn wir uns jetzt Sorgen machen. Gib alles in Gottes Hand!" Diese zwei Sätze gingen mir tief ins Herz, denn ich spürte eine große Leichtigkeit, und bis heute haben mich diese zwei Sätze geprägt. Ich entschied mich in diesem Moment, mir keine Sorgen mehr zu machen, sondern alles konsequent und restlos in Gottes Hand zu legen. Und genau das gab mir eine tiefe Ruhe und Freude ins Herz. Jesus sagt zu uns in der Bibel:

„Kommt alle zu mir, die ihr euch abmüht und unter eurer Last leidet! Ich werde euch Ruhe geben" (Matthäus 11,28).

Jesus weiß ganz genau, wie wir uns manchmal abmühen und unter der Last des Alltags leiden. Er kennt unser Leben und er sieht, wo und wie du gerade am Kämpfen bist. Jesus weiß, was gestern war, und er sieht auch deine Situation heute. Ja, mehr noch: Er kennt jeden Augenblick deiner Vergangenheit. Er weiß, in welchen Situationen dir andere Menschen das Leben schwer gemacht haben und in welchen Momenten dich Nachrichten erreicht haben, die dir Sorgen machten.

In diesem Vers spricht Jesus eine Einladung für alle Menschen aus. Es handelt sich nicht nur um ein paar Auserwählte, die ihre Sorgen bei ihm abgeben dürfen. *Alle* Menschen – und somit auch du – dürfen *alle* ihre Sorgen zu Jesus bringen.

Selbst wenn um uns herum der Sturm tobt und wir durch Schwierigkeiten hindurchgehen müssen, so haben wir doch die Möglichkeit, in unserem Herzen eine tiefe Sicherheit und Ruhe von Gott zu empfangen.

Und dann geht der Vers noch weiter, Jesus macht uns ein Versprechen: Er hält das Geschenk der Ruhe und des Friedens für uns bereit! Selbst wenn um uns herum der Sturm tobt und wir durch Schwierigkeiten hindurchgehen müssen, so haben wir doch die Möglichkeit, in unserem Herzen eine tiefe Sicherheit und Ruhe von Gott zu empfangen. Das Problem ist also nicht, dass Gott uns keine Ruhe schenken möchte, sondern dass uns es oft so schwerfällt, unsere Sorgen auch wirklich bei Jesus abzugeben.

Du bist mehr als deine Sorgen!

Vielleicht kennst du die Kuscheltiere „Sorgenfresser"? Diese Plüschtierchen gibt es in sämtlichen Farben und das Besondere an ihnen ist, dass sie als Mund einen Reißverschluss haben. Und man soll diese Kuscheltiere mit seinen Sorgen füttern! Viele Jugendliche lieben diese süßen Dinger, weil sie mit ihnen einen Ort gefunden haben, an dem sie ihre Sorgen abgeben können.

Dieser symbolische Akt gefällt uns, denn es ist so wichtig, dass wir unsere Sorgen loslassen können. Bei Jesus dürfen wir unsere Sorgen nicht nur deponieren, er schenkt uns dafür sogar noch etwas. Mit jeder Sorge, die wir in Gottes Hand legen, wird unser Herz ein Stück mehr mit Ruhe und Frieden gefüllt. Wenn wir unsere Sorgen jedoch bei uns behalten, werden sie uns negativ beeinflussen und immer mehr in die Tiefe ziehen.

Leider gibt es Christen, die es nicht schaffen, ihre Sorgen bei Jesus wirklich loszulassen. Sie gehen mit gekrümmtem Rücken durch die Welt, und ihr Leben wird mehr und mehr zu einem Jammerlied. Ich weiß selbst, dass es nicht immer einfach ist, seine Sorgen bei Gott abzugeben, aber es ist etwas, worum wir wirklich kämpfen müssen, denn es ist der einzige Schlüssel, um fröhlich das Leben zu genießen. Gott hat uns geschaffen, um glücklich zu sein, und er möchte uns in jeder Lebenssituation Ruhe und Frieden schenken. Es liegt also an uns selbst, diese göttliche Zuversicht in unseren Herzen als Geschenk von ihm zu empfangen.

Warum ist es denn so schwierig, unsere Sorgen bei Gott abzugeben? Sorgen kommen meistens plötzlich in unser Leben. Oftmals werden wir von schlechten Nachrichten überrascht, die wir so nicht erwartet haben. In diesen Momenten ist unsere Seele mit der negativen Botschaft überfordert, und wir können nicht mehr klar denken.

Erschwerend hinzu kommt noch, wenn wir als Christen vielleicht davon ausgegangen sind, dass in einem Leben mit Gott immer alles gerade läuft – schließlich fließt doch jeden Tag sein Segen in unser Leben. Wenn es dann doch zu Schwierigkeiten kommt, bringt uns das erst recht aus dem Konzept.

Jeder Mensch wird früher oder später mit Hindernissen im Leben konfrontiert und manchmal stehen wir vor richtig großen Herausforderungen und wissen nicht weiter. Wenn sich solche Probleme sichtbar machen, werden viele Christen von Schuldgefühlen geplagt und denken vielleicht sogar, dass Gott es nicht mehr gut mit ihnen meint oder sie gar strafen möchte.

Uns hat es in solchen Momenten geholfen, die Hindernisse wirklich zu entlarven. Wenn wir Jesus ähnlicher werden möchten, dann ist es wichtig, dass wir jede Blockade in unserem Leben erkennen und diese in der Kraft Gottes aus der Welt schaffen können. Dazu braucht es manchmal eine Person, der wir einfach mal unsere Sorgen erzählen und mit der wir gemeinsam unser Leben reflektieren können.

Wenn wir das Leben von Jesus anschauen, dann hatte auch er Sorgen und wir können von ihm lernen, wie er mit ihnen umgegangen ist:

„Da versuchten sie wieder, Jesus festzunehmen, aber er konnte ihnen entkommen. Er ging auf die andere Seite des Jordans zurück und hielt sich dort auf, wo Johannes früher getauft hatte“ (Johannes 10,39).

Jesus war schneller als seine Verfolger. Das gefällt uns! Und dann fällt uns noch etwas sehr Schönes an dieser Stelle auf. Jesus ging zurück an den Jordan. An diesem Fluss konnte er für sich alleine sein und es war ein wunderschöner Ort in der Natur. Die Landschaft entlang des Jordans ist herrlich grün, und wenn man aus der Vogelperspektive diesen Flussverlauf betrachtet, können wir eine grüne Zone inmitten der Wüstenlandschaft entdecken.

Jesus suchte seinen Platz im „Naherholungsgebiet", um dort in Ruhe über die Erlebnisse nachzudenken. In Kapitel eins haben wir erwähnt, dass der Jordan der Ort war, an dem sich Jesus taufen ließ und an dem sein Vater mit lauter Stimme aus dem Himmel sprach: „Du bist mein geliebter Sohn!"

Wie schön, dass Jesus sich in seinen Herausforderungen bewusst an diese Stimme erinnert. Er ist mitten in der Wüste, aber in der grünen Zone, in der Gegenwart seines Vaters. Und genau dort findet er Ruhe und Frieden.

Das können wir von Jesus lernen. Wenn Sorgen uns überfallen, dann ist es Zeit, sich daran zu erinnern, wer wir wirklich sind. Auch in Zeiten von Sorgen und Schwierigkeiten weicht dein Vater im Himmel niemals von deiner Seite. Egal, wie es zu diesen Sorgen kam, Gott bleibt immer derselbe. Und er spricht über deinem Leben aus: „Du bist mein geliebtes Kind und du bist es wert, zu der Familie Gottes zu gehören!"

Wann immer Sorgen in dein Leben kommen wollen, erinnere ich dich sofort an deine Identität. Du gehörst zu dem König der Könige und du hast das Privileg, deine Sorgen in Gottes Hand zu legen. Niemals würde ein guter Vater seine Kinder ihrem Kummer selbst überlassen. Ein liebender Vater nimmt sich den Sorgen seiner Kinder liebevoll an. Er tröstet, hilft und begleitet. Ja, mehr noch: Gott wartet auf deine Sorgen, damit er sich persönlich um sie kümmern kann.

Gott wartet auf deine Sorgen, damit er sich persönlich um sie kümmern kann.

Wer seine Sorgen selbst trägt, der bürdet sich einen schweren Rucksack auf, der irgendwann nicht mehr tragbar ist und somit zu einem kompletten Zusammenbruch im Leben führen kann. Je schneller du deine Sorgen in die Hand Gottes legst, desto mehr Zeit der Entlastung und Ruhe wirst du genießen können.

So ermutigen wir dich, deine Schwierigkeiten bei Jesus loszulassen. Vielleicht kann dir dabei ein Ritual helfen. Du kannst deine Sorgen auf einen Zettel schreiben und in eine Box werfen – oder vielleicht tatsächlich einen „Sorgenfresser" damit füttern. Oder vielleicht schreibst du ein paar Zeilen in dein Tagebuch und gibst Jesus so deinen Kummer ab. Es gibt viele Möglichkeiten. Dan und ich machen zum Beispiel jede Woche einen Gebetsspaziergang über die Felder. Dabei bringen wir alle unsere Herausforderungen zu Jesus. Es hilft uns, an der frischen Luft zu sein und in der Natur, die Gottes wunderbare Schöpfung ist, unsere Anliegen zu unserem Schöpfer zu bringen.

Für größere Gebetsanliegen haben wir auch schon einen Kreis aus Steinen am Wegrand gelegt. Jedes Mal, wenn wir wieder an diesen Kreisen vorbeispazieren, werden wir nun an diese Gebete erinnert. Wenn wir ein sichtbares Symbol in der Welt hinterlassen, dann setzen wir damit auch ein Zeichen in der unsichtbaren Welt. Wir lesen in der Bibel:

„Ladet alle eure Sorgen bei Gott ab, denn er sorgt für euch" (1. Petrus 5,7).

Ein Gott, der Sorgen kennt – und trägt

Gott ist bereit, unsere Sorgen zu tragen, und er möchte wirklich für uns sorgen. Jesus erklärt uns das mit dem Bild von einem Joch:

„Nehmt auf euch mein Joch, und lernt von mir! Denn ich bin sanftmütig und von Herzen demütig, und ‚Ihr werdet Ruhe finden für eure Seelen'; denn mein Joch ist sanft, und meine Last ist leicht" (Matthäus 11,29; Elberfelder Bibel).

Vielleicht fragst du dich gerade, was so „ein leichtes“ Joch denn zu bedeuten hat. Ein Joch stellt man sich doch eher als etwas Schweres und Bedrückendes vor. Wenn man diese Textstelle wirklich verstehen möchte, sollte man wissen, dass ein Joch früher dazu gedient hatte, zwei Zugtiere über ihre Schultern miteinander zu verbinden. So konnten sie gemeinsam einen schweren Wagen ziehen. Ein Joch war aus Eisen und deshalb tatsächlich sehr schwer zu tragen. Jesus nahm dieses Bild, weil die Menschen der damaligen Zeit ein Joch sehr gut kannten. Sie wussten ganz genau, wie ein Joch funktionierte: Wenn zwei Tiere ein Joch tragen, dann haben sie eine enge Verbindung und sie müssen in demselben Tempo gehen, um ihren Wagen zu ziehen und die größtmögliche Zugkraft zu erzeugen.

Das bedeutet, wenn wir uns ein Joch mit Jesus teilen, dann sind wir eng mit ihm verbunden, und er geht Schritt für Schritt neben uns her. Doch sein Joch ist leicht und wir dürfen unbeschwert neben ihm hergehen – in einem Tempo, das gut für uns ist.

Jesus trägt für uns die Last und er hilft uns, den Wagen zu ziehen. Ist das nicht wunderbar? Jesus kennt den besten Weg für uns und steht uns unterwegs immer beruhigend und helfend zur Seite. Vertraue ihm und glaube, dass er mit dir geht. Er wird deine Schwierigkeit in etwas Gutes verwandeln. Je mehr wir unsere menschlichen Schwierigkeiten in Gottes Hand geben, desto kraftvoller werden wir seine Hilfe in unserem Leben erfahren. Lass heute los, denn es kann nichts Größeres geben, als wenn die Liebe und Gnade Gottes in dein Leben kommen.

Kurz nach seiner Taufe ging Jesus für 40 Tage in die Wüste. Dort wurde er vom Teufel versucht und auf eine Probe gestellt. Vielleicht kannst du dir vorstellen, wie anstrengend diese Zeit in der Wüste für ihn gewesen sein musste. Am Tag war es sehr heiß und in der Nacht sehr kalt. Außerdem waren die Wege durch den Wüstensand mühsam. Hinzu kam die Versuchung durch den Teufel, die Jesus bestimmt eine Menge an psychischer Kraft kostete.

Wir sollten dabei bedenken, dass Jesus auch in dieser Situation einerseits der Sohn Gottes war, aber andererseits eben auch ganz Mensch. Das bedeutet, er hatte mit körperlicher Erschöpfung zu kämpfen und bestimmt auch Sorgen in diesem Moment. Doch dann lesen wir in der Bibel:

„Da ließ der Teufel von Jesus ab, und die Engel Gottes kamen und sorgten für ihn“ (Matthäus 4,11).

Jesus erlebte in jenen Tagen unglaublich große Herausforderungen, aber Gott ließ ihn nicht im Stich, sondern stärkte ihn wieder durch seine himmlischen Helfer.

Wir Christen vergessen so oft, dass diese Engel Gottes tatsächlich auch für uns unterwegs sind. Engel sind von Gott eingesetzte Helfer, die uns besonders in Schwierigkeiten beistehen möchten. Wenn wir das Leben von Jesus anschauen, dann kommen darin immer wieder Engel vor. Bereits als Jesus geboren wurde, hat sich eine ganze Schar von ihnen auf den Weg zur Erde gemacht. Und in dieser Geschichte, als Jesus in eine Notlage mitten in der Wüste geraten war, da *brauchte* er die Engel.

Wenn selbst Jesus, der Sohn Gottes, Engel braucht, wie viel mehr brauchen wir Menschen dann manchmal einen Engel. So ermutigen wir dich, Gott ganz explizit um Engel zu bitten, wenn du Hilfe brauchst. Dein Vater im Himmel möchte seine Engel für dich aussenden. Vielleicht steht gerade eine Operation, eine schwierige Entscheidung, eine große Reise oder sonst eine Herausforderung bevor, die dir Sorgen macht. Erinnere dich an das Privileg, um einen Engel bitten zu können, der plötzlich bei dir stehen könnte und für dich sorgen möchte.

Wir Christen vergessen so oft die Privilegien, die wir als Kinder Gottes eigentlich haben.

Manchmal haben wir unsere Sorgen bereits bei Gott abgegeben und ihn vielleicht sogar um einen Engel gebeten, aber schon am nächsten Tag holen sie uns wieder ein und das Grübeln geht von vorne los. In diesem Fall müssen wir uns darüber bewusst werden, dass das Böse auch auf dieser Welt wohnt und nicht möchte, dass wir in Freiheit durch unser Leben gehen können. So manche negativen Dinge möchten uns im Leben aufhalten, damit wir das Positive nicht sehen und erfahren können.

Vielleicht merkst du immer wieder, wie sich dir negative Geschehnisse und Gedanken in den Weg stellen und dich verunsichern wollen. Doch lass dich davon nicht irritieren, sondern überwinde das Böse mit Gutem (vgl. Römer 12,21). Wenn du an Jesus glaubst, dann möchte er wirklich für dich da sein und deine Lasten tragen. Daran darfst du dich täglich erinnern.

Lass keine Stimmen in deinem Kopf zu, die dir etwas anderes einreden wollen.

Vielleicht hilft es dir, ein tägliches Ritual einzuplanen, in dem du deine Sorgen vor Gott bringst. Ich habe in meinem Zimmer einen kleinen Schemel. Fast jeden Morgen um 5.00 Uhr komme ich in mein Arbeitszimmer und beginne dort meinen Tag mit Gott. Es ist für mich die beste Zeit, um in Ruhe in Gedanken bei Gott zu sein und dann mit seiner Führung zu schreiben. Doch bevor ich mit der Arbeit starte, knie ich einen Moment auf diesem Schemel und lege meinen Tag bewusst in Gottes Hand. So lege ich alle Lasten bereits am frühen Morgen bei Jesus ab, und ich bete auch ganz bewusst für die kranken und mit Sorgen beladenen Menschen in meinem Umfeld.

Erst dann kann ich mich befreit an den Schreibtisch setzen und in Ruhe mit meinen Schreibarbeiten beginnen. Würde ich dieses kleine Ritual nicht machen, wären meine Gedanken ständig gefüllt von irgendwelchen Dingen, für die ich menschlich gesehen noch keine Lösung habe.

Je schneller wir unsere Sorgen bei Gott abgeben, desto mehr werden wir die Freiheit durch die Kraft Gottes in unserem Leben erfahren.

Je schneller wir unsere Sorgen bei Gott abgeben, desto mehr werden wir die Freiheit durch die Kraft Gottes in unserem Leben erfahren. Von Jesus können wir noch mehr dazulernen. Er lehrt uns in der Bibel:

„Und wenn ihr euch noch so viel sorgt, könnt ihr doch euer Leben um keinen Augenblick verlängern“ (Matthäus 6, 27).

Du kannst mit deinen Sorgen also gar nichts erreichen. Negative Gedanken werden dir letztendlich immer nur schaden. Doch mancher Kummer ist wirklich hartnäckig und will unsere Gedanken immer wieder einnehmen, sodass wir kaum davon loszukommen scheinen. Wir sind überzeugt, dass das Böse genau weiß, welche Kraft in uns Menschen liegt, wenn wir in der Kraft Gottes sorgenfrei durchs Leben gehen. Ein Christ, der gelernt hat, seine Sorgen auf Jesus zu werfen, und der die göttliche Zuversicht in seinem Leben in Anspruch nimmt, der wird kraftvoll in seine Zukunft gehen. Der Schlüssel, um erfolgreich mit Sorgen umzugehen, liegt eben nicht nur darin, die Sorgen abzugeben, sondern darin, danach einen weiteren Schritt zu gehen. Dan und ich nennen es „loslassen und empfangen“.

Tausche Sorgen gegen Zuversicht

Wir Menschen brauchen diese göttliche Zuversicht und die bekommen wir durch das Wort Gottes. Die größte Zuversicht und Stärke, die ein Mensch auf dieser Welt erfahren kann, liegt in den Worten der Bibel – und in der Begegnung mit Gott selbst.

Hierbei ist uns König Hiskia aus dem Alten Testament ein großes Vorbild. Er wurde damals vom assyrischen König angegriffen und dieser feindliche König hatte ihm einen Brief geschrieben, in dem er dem jungen König Hiskia mitgeteilt hatte, dass er sein Land einnehmen und zerstören werde.

Hiskia hatte damals große Sorgen, denn so einen Brief bekommt man schließlich nicht jeden Tag. Wahrscheinlich hätte er diese Schrift am liebsten zerrissen und dem assyrischen König den Kampf angesagt. Aber was hat der junge König stattdessen mit dem Brief gemacht? Er ging damit in den Tempel und breitete den Brief vor Gott aus. Wow, was für ein König! Uns gefällt diese Reaktion. Und das war noch nicht alles:

„Hiskia ging in den Tempel und breitete den Brief vor dem Herrn aus und begann zu beten: ‚Oh Herr, du Gott Israels, der du über den Keruben thronst, du allein bist Gott über alle Königreiche der Welt. Herr, erhöre mich!'" (1. Könige 19,14).

König Hiskia begann mitten in der Herausforderung, Gott zu loben und sprach mit seinen Worten die Größe Gottes aus. Er proklamierte seinen Glauben über diesem besorgniserregenden Brief. Er suchte bewusst die Begegnung mit Gott. Auch Jesus hat uns das so vorgelebt. Er betete und holte seine Kraft aus der Begegnung mit Gott. Als er kurz vor seinem Tod im Garten Gethsemane in Jerusalem war, plagten Jesus noch einmal große Sorgen und Ängste. Er zog sich dreimal zurück, um zu beten. In dieser Extremsituation sagte er sogar zu seinen Jüngern:

„Ich zerbreche beinahe unter der Last, die ich zu tragen habe!" (Matthäus 26,38).

Auch wir können an Punkte in unserem Leben kommen, an denen wir beinahe zerbrechen. Eine schwierige Familiensituation, eine unheilbare Krankheit oder andere Sorgen können uns an den Rand der Verzweiflung bringen.

Jesus hat selbst gespürt, was dies bedeutet, und auch er war damals „am Limit". Aber wir können etwas Großartiges von ihm in diesem Moment lernen: Jesus hat niemals aufgehört, mit seinem Vater zu sprechen. Sogar als er einige Stunden später am Kreuz hing und unvorstellbare Qualen erlitt, blieb er immer

Selbst wenn wir fast zerbrechen und nicht mehr können, gibt es immer noch die Möglichkeit, aus der Beziehung mit Gott neue Kraft zu schöpfen.

noch in der engen Beziehung mit Gott und betete selbst in diesem Zustand noch zu ihm. Genau hierin finden wir den größten Schlüssel für die Überwindung unserer Sorgen. Selbst wenn wir fast zerbrechen und nicht mehr können, gibt es immer noch die Möglichkeit, aus der Beziehung mit Gott neue Kraft zu schöpfen. Jesus zitierte das Wort von Jesaja:

„Das geknickte Schilfrohr wird er nicht abbrechen und den glimmenden Docht nicht auslöschen" (Matthäus 12,20).

Mit diesem Satz spricht Jesus aus Erfahrung. Er plaudert nicht einfach etwas vor sich hin, ohne selbst je eine schwierige Situation durchlebt zu haben. Er weiß ganz genau, wovon er spricht. Wenn du also gerade durch eine schwere Zeit gehst, dann darfst du wissen, dass Jesus selbst dir vorausgegangen ist und dir mit seinen Worten ein Beispiel gibt, wie du trotz allem vertrauen darfst. Ebenso zeigt er, wie du göttliche Zuversicht in dein Leben hineinsprechen kannst. Jesus brauchte in seiner Situation Ermutigung und Stärkung genauso wie König Hiskia damals. Auch wir brauchen immer wieder Ermutigung und Stärkung, sonst hätten wir schon längst aufgegeben, für das Reich Gottes unterwegs zu sein.

Manchmal machen wir auch als Christen den Fehler, dass wir unsere Ermutigung von anderen Menschen wie zum Beispiel unserem Pastor erwarten. Doch oft enden unsere Erwartungen an andere Menschen in einer großen Enttäuschung und Frustration. Menschen können uns nicht in der Tiefe unsere Sorgen abnehmen.

Selbstverständlich können andere Menschen uns unterstützen und eine gewisse Hilfe leisten, aber die echte und übernatürliche Hilfe kommt allein aus der Begegnung mit unserem Vater im Himmel. Stell dir vor, Jesus musste in seiner größten Bedrängnis dreimal ins Gebet. Es heißt an dieser Stelle, dass er immer wieder dasselbe zu Gott sagte. So ermutigen wir dich, in Zeiten der Sorge ebenfalls immer wieder die Begegnung mit Gott zu suchen und deinen Glaubenstank mit der

Liebe Gottes auffüllen zu lassen. Stell dir vor, du machst im Gebet einen Tausch:

Ich bringe dir:	**Ich proklamiere:**
Geldsorgen	göttliche Versorgung
Krankheit	göttliche Gesundheit und Kraft
Ungeduld	göttliche Geduld
Probleme mit den Kindern	göttlichen Schutz und Weisheit
Arbeitsstelle	göttliche Gunst u. Wohlwollen

Gott lässt bewusst Stürme und Probleme in unserem Leben zu. Damit möchte er unseren Charakter formen, sodass wir mehr werden wie Jesus. Jedes Problem kann so aus göttlicher Perspektive überwunden werden. Doch Gott ist keine Wunschmaschine nach dem Motto „Wirf eine Gebetsmünze rein und alles wird gut!". Gott möchte, dass wir ihm vertrauen und an seinen Verheißungen festhalten, bis er unser Gebet erhört. Die Art und Weise, wie Gott antwortet, entspricht seiner göttlichen Ebene. Er geht manchmal andere Wege – und die sind weit besser als unsere eigenen. Je mehr du lernst, täglich deine Sorgen bei Gott loszulassen und göttliche Zuversicht in deinem Leben zu empfangen, desto entspannter und gelassener wirst du dein Leben genießen können. Jesus lehrt uns in der Bibel:

„Bittet Gott, und er wird euch geben! Sucht, und ihr werdet finden! Klopft an, und euch wird die Tür geöffnet! Denn wer bittet, der bekommt. Wer sucht, der findet. Und wer anklopft, dem wird geöffnet" (Matthäus 7,7).

Manche Christen haben aufgehört, Gott um etwas zu bitten. Sie gehen am Sonntag vielleicht noch in den Gottesdienst, aber während der Woche vergessen sie, Gott in ihren Alltag zu integrieren. Gott steht jede Sekunde an unserer Seite und er wünscht sich so sehr, in ständiger Verbundenheit mit uns zu sein. Je mehr wir uns im Alltag an Gott erinnern, desto mehr werden wir unsere Anliegen vor ihn bringen und seine Versorgung auch wirklich erleben.

Wir erfüllen damit keine Pflichtübung, sondern machen es ganz natürlich, weil wir die Kraft in der freundschaftlichen Beziehung mit Gott entdeckt haben. Um in dieser Sache zu lernen, ist ein tägliches Training nötig. Manche Christen gehen davon aus, dass es uns ganz ohne Investition gelingen wird, Jesus immer ähnlicher zu werden. Und natürlich bewirkt er letztlich die Veränderung in uns und wir können sie uns nicht erarbeiten, aber dennoch liegt es an uns, dass wir uns auch immer wieder bewusst mit unseren Anliegen an Gott wenden. Wer mutig seine Anliegen vor Gottes Füße legt, der wird Gottes liebevolle Versorgung früher oder später erleben. Gott möchte uns Christen aktiv sehen. Wir dürfen Gott unser Leid klagen und auch einfach mal schwach sein und gar nichts tun, aber auf Dauer bringt es nichts, nur auf dem Sofa zu sitzen, ständig über eigene Sorgen nachzudenken und nur noch Trübsal zu blasen. (Natürlich gibt es auch Fälle, in denen wir aufgrund einer psychischen Erkrankung nicht anders können …) Gott hält jederzeit eine Hilfe für uns bereit und möchte unseren Kummer lindern.

Wer mutig seine Anliegen vor Gottes Füße legt, der wird Gottes liebevolle Versorgung früher oder später erleben.

Sorgen, die zum Segen werden

Vor ein paar Monaten war Dan mit dem Auto auf einer Autobahn in der Schweiz unterwegs. Plötzlich sah er bei einem Autobahnkreuz ein Pannenfahrzeug auf dem Standstreifen stehen. Eine innere Stimme sagte ihm, er solle anhalten und helfen. Da Dan diese innere Stimme sehr gut kennt und sie als Wink Gottes einordnete, reagierte er innerhalb von Sekunden und stand kurze Zeit später neben dem Pannenfahrzeug. Bei seinem Fahrer handelte es sich um einen älteren Mann, der sich keine Hilfe organisieren konnte, weil sein Handyakku leer war.

Dan konnte einen Pannendienst für ihn rufen und während sie eine Stunde auf den Abschleppwagen warten mussten, hatten sie Zeit, sich ein wenig auszutauschen. Plötzlich merkten sie, dass sie denselben Beruf und dasselbe Theologiestudium absolviert hatten! Es war schön zu sehen: Gott sorgt für seine Leute.

Wenn wir diese Geschichte anschauen, können wir erkennen, wie Gott uns Menschen für die Versorgung von anderen Menschen gebrauchen möchte. Der ältere Pastor hatte ein Gebet gesprochen und Gott schickte ihm einen Menschen über den Weg, der ihm helfen sollte. Doch Dan war in diesem Moment herausgefordert, auf diese innere Stimme zu hören. Ich bin mir nicht sicher, ob ich selbst auf der Autobahn einen Stopp machen würde? Logischerweise überlegt man sich doch in so einem Moment, ob das nicht zu gefährlich sein könnte oder ob man überhaupt Zeit dazu hat. Ja, wenn Gott zu uns spricht, dann liegen viele Ausreden auf der Hand. Doch bei diesen Ausreden handelt es sich wiederum um Sorgen, die uns davon abhalten wollen, das Gute zu tun.

In der oben genannten Geschichte wollte Gott Dan ganz bewusst gebrauchen, um diesem gottesfürchtigen Mann zu helfen. Wenn wir in die Fußstapfen von Jesus treten möchten, dann braucht es nicht in erster Linie eine besondere Leistung von uns, sondern Gott wünscht sich einfach, dass wir Kinder sind, die auf ihn hören und seiner Stimme folgen. Genau so können wir auf den vorbereiteten Wegen Gottes gehen. Wenn wir unsere Ohren auf Gottes Stimme ausrichten und den Impulsen in unserem Innern folgen, dann werden wir Spuren des Segens und der Freude hinterlassen.

Wir sind Kinder Gottes, die Führung und Versorgung von ihrem himmlischen Vater erwarten dürfen. Das Einzige, was wir tun müssen, ist, Gott zu bitten und auf seine Stimme zu hören. Danach dürfen wir vertrauen und glauben, dass Gott uns und durch uns eben auch andere versorgen wird.

Im Lukasevangelium wird das Thema der Versorgung noch einmal schön beschrieben. Dort lesen wir:

„Seht euch an, wie die Lilien blühen! Sie mühen sich nicht ab und können weder spinnen noch weben. Ich sage euch, selbst König Salomo war in seiner ganzen Herrlichkeit nicht so prächtig gekleidet wie eine von ihnen. Wenn Gott sogar die Blumen so schön wachsen lässt, die heute auf der Wiese stehen, morgen aber schon verbrannt werden, wird er sich nicht erst recht um euch kümmern? Vertraut ihr Gott so wenig? Zerbrecht euch also nicht mehr den Kopf darüber, was ihr essen und trinken sollt! Euer Vater im Himmel weiß doch genau, was ihr essen und trinken sollt" (Lukas 12,27-30).

Vielleicht ist es für dich heute dran, einen kleinen Spaziergang in der Natur zu machen und dir unterwegs die Blumen und Pflanzen anzuschauen. Jesus lehrt uns an dieser Stelle, von der Natur zu lernen. Gott hat alles so wunderschön geschaffen. Dank seinem Wirken „funktioniert" unsere Natur so, wie wir sie kennen. Vielleicht fühlst du dich manchmal unter einem Leistungsdruck und denkst, dass du dich unglaublich anstrengen musst, um alles zu erreichen, was du dir wünschst. Vielleicht denkst du, dass es in deiner Gottesbeziehung ähnlich ist – und dass wir alles, was wir von Jesus lernen können und in diesem Buch beschreiben, allein hinkriegen müssen.

Und ja, es ist richtig, dass wir uns für manche Dinge bewusst einsetzen und so gesehen etwas „leisten", aber wir dürfen dabei nie vergessen, dass wir grundsätzlich nichts zu unserem Wachstum und Gedeihen hinzutun können. Denn Gott selbst schenkt das Wachstum – in der Natur und in uns selbst. Er lässt die Vögel fliegen und die Bäume blühen und genauso ist er unser Versorger und beschenkt uns mit allem, was wir nötig haben.

Uns gefällt in diesem Zusammenhang dieses Bild von den Lilien und den Kleidern des Königs Salomo. Wir Menschen können wirklich schöne und elegante Kleider entwerfen und herstellen. Aber die Schönheit von einer Blume übertrifft alle menschlichen Werke. Hinter der herrlichen Natur stecken Fähigkeiten eines Schöpfers und Meisters, die man mit keiner menschlichen Fähigkeit vergleichen kann. Und genau diesem wunderbaren Herrscher mit all seinen erstaunlichen Fähigkeiten dürfen wir unser Anliegen anvertrauen.

Gott möchte durch unser Leben wirken, und seine Kraft wird durch uns sichtbar werden. Wir stellen uns zwar für eine Aufgabe zur Verfügung, aber alles, was daraus entsteht, ist letztendlich das Wirken Gottes. Auch das Wachstum unseres Glaubenslebens geschieht deshalb durch die Kraft Gottes. Wir sind als Menschen aber dazu herausgefordert, uns bewusst zur Verfügung zu stellen, und Jesus geht sogar noch einen Schritt weiter, indem er sagt:

„Setzt euch zuerst für Gottes Reich ein und dafür, dass sein Wille geschieht. Dann wird er euch mit allem anderen versorgen“ *(Matthäus 6,33).*

Manchmal sind unsere Gedanken so auf unsere eigenen Sorgen fixiert, dass wir den Blick für alles andere verlieren. Wir versinken in dunklen Gedanken, grübeln über die Zukunft und versuchen, selbst Lösungen zu finden, indem wir uns den Kopf zerbrechen. Doch Jesus möchte unsere Gedanken umlenken. Wir sollen nicht länger auf unsere Sorgen blicken, sondern auf ihn und auf sein Reich, und wenn wir für ihn unterwegs sind und das große Ganze im Blick haben, dürfen wir erfahren, dass manche Dinge, über die wir uns Sorgen gemacht haben, plötzlich vielleicht nebensächlich werden oder sich auf einmal auflösen.

Am Abend vor Silvester funktionierte plötzlich unser Geschirrspüler nicht mehr. Es war sofort klar, dass es vor den Feiertagen nicht mehr möglich sein würde, eine Reparatur zu bekommen. Die Vorstellung, das Geschirr von allen bevorstehenden Feierlichkeiten von Hand spülen zu müssen, verärgerte mich zutiefst. Und schon zogen meine Gedanken ihre Kreise und ich war betrübt. Doch dann stellte ich mich vor den Geschirrspüler und im Namen Jesus segnete ich diese Maschine.

Außerdem sprach ich laut aus, dass Gott mein Versorger ist und rief laut und deutlich in der Küche: „Ich lasse mich davon jetzt nicht irritieren!" Danach konnte ich sämtliche Festvorbereitungen mit einer großen Freude erledigen.

Sorgen möchten uns die Freude rauben, aber Jesus möchte unsere Gedanken umlenken und unseren Fokus wieder auf das Wesentliche im Leben rücken. Je bewusster wir unsere Sorgen bei Jesus abgeben und unseren Blick auf das Gute ausrichten, desto schneller wird die Freude und früher oder später auch die göttliche Versorgung in unser Leben kommen.

Die Geschichte mit dem Geschirrspüler ist noch nicht fertig. Am darauffolgenden Tag hatten wir uns bereits auf das Geschirrspülen von Hand eingestellt, aber wir versuchten noch einmal, die Maschine in Betrieb zu setzen. Und plötzlich – wie durch ein Wunder – funktionierte sie wieder und das Geschirr wurde einwandfrei gespült.

Wenn wir diese Versorgung Gottes immer mehr erleben, fällt es uns auch leichter, Gott zu vertrauen, wenn er uns auffordert, selbst andere zu versorgen. Kürzlich stand ich am Bahnhof von Ansbach in der Nähe von Würzburg. Plötzlich kam ein Bettler auf mich zu und bat mich um Geld. In diesem Moment ratterten mir verschiedene Gedanken durch den Kopf. Ich erinnerte mich an die große Rechnung, die zwei Tage zuvor in unserem Briefkasten gelandet war, und daran, dass ich für unseren Lebensunterhalt jede Woche hart arbeiten muss. Außerdem überlegte ich mir, ob dieser Mann mir vielleicht eh etwas vorspielte und am Ende Teil einer kriminellen Organisation war. Doch ich hörte diese innere Stimme, die mir klar sagte: „Gib dem

Mann Kleingeld!“ So griff ich in meine Jackentasche und ich fand dort acht Euro. Voller Freude übergab ich ihm das Geld und der Mann antwortete prompt: „Der Herr segne Sie!“

Diese Worte haben mich aus den Socken gehauen und noch die ganze Woche begleitet. Wie schön ist es doch, einen Segen von Gott zu bekommen. Unsere Gedanken sind oftmals auf das Materielle ausgerichtet und unsere Sorgen können sich tatsächlich an acht Euro aufhängen, aber wenn wir Jesus ähnlicher werden möchten, dann darf unser Fokus noch viel mehr auf sein Reich ausgerichtet werden. Jesus sprengt damit unsere sorgenvollen Gedanken und zeigt uns auf, dass so vieles auf dieser Welt vergänglich ist, worum wir uns Gedanken machen. Aber er und sein Reich bleiben für immer bestehen.

KAPITEL 6:

UNRECHT ENTLARVEN – VERGEBUNG ERLEBEN

Und vergib uns unsere Schuld …

Einmal ist Jesus auf dem Ölberg unterwegs, als die Schriftgelehrten eine Frau zu ihm schleppen, die beim Ehebruch überrascht worden ist. Nach dem Gesetz von Mose müsste sie eigentlich gnadenlos gesteinigt werden. Nun fragen die Schriftgelehrten und Pharisäer Jesus, was er denn dazu meine. Und Jesus reagiert total anders, als alle erwarten. Er schreibt erst mal etwas in den Sand und sammelt dabei seine Gedanken. Die Schriftgelehrten wollen ihn auf die Probe stellen, denn sie suchen dringend nach einem Grund, um Jesus anklagen zu können. Doch sagt Jesus überraschend:

„Wer von euch noch nie gesündigt hat, soll den ersten Stein auf sie werfen! Als die Ankläger dies hörten, gingen sie einer nach dem anderen davon – die älteren zuerst" (Johannes 8,7+8).

Jesus stellt mit dieser Aussage wieder einmal alles auf den Kopf. Die Schriftgelehrten sind sich sicher, dass diese Frau gesteinigt werden muss. Doch dann kommt dieser Mann, der behauptet, der Sohn Gottes zu sein, und wirft mit einem Satz alle Gesetze über den Haufen und eröffnet ihnen somit ein komplett neues Denken.

Auch in dieser Geschichte lenkt Jesus die Gedanken der Menschen weg von den anderen auf sie selbst. Es ist so einfach, mit dem Finger auf unsere Mitmenschen zu zeigen und ihnen ihre Fehler aufzuzählen. Auch Christen können dazu neigen, selbstgerecht zu werden, und meinen manchmal nur zu gut zu wissen, was andere alles falsch machen. Es gibt sogar Christen, die offensichtlich eine Skala für die schlimmeren und die weniger schlimmen Sünden errichtet haben, nach der sie andere beurteilen. Bei einer Skala von eins bis zehn würde bei zehn dann der Ehebruch stehen, aber alle anderen Sünden, von denen sie vielleicht selbst betroffen sind, wie Neid, Hass, negative Rede oder Mobbing, würden weiter unten stehen und hätten keine Konsequenzen.

Doch Jesus durchbricht mit seiner Aussage alle diese Vorstellungen. Bei Jesus gibt es nicht die großen und die kleinen Sünden. Er hasst jede Sünde, aber liebt jeden Sünder. Ja, er ist ein Freund von allen Sündern und er starb am Kreuz für jeden Fehler, den wir begangen haben und noch begehen werden.

Wenn wir mit einem Finger auf andere Menschen zeigen, dann zeigen immer vier Finger auf uns zurück. Das ist wahrscheinlich auch der Grund, warum Jesus im Vaterunser zuerst von unserer eigenen Schuld spricht und erst in einem zweiten Satz von unseren Schuldigern. In dem Gebet von Jesus dürfen wir Gott bitten, unsere Schuld zu vergeben.

„Und vergib uns unsere Schuld.“

Jeder Mensch hat seine Fehler und wir alle sind auf die Vergebung durch Jesus Christus angewiesen. Es ist wichtig, dass wir uns mit unseren Fehlern beschäftigen und uns dabei überlegen, was wir in Zukunft besser machen können.

Wir sagen zwar oft zueinander: „Fehler passieren eben“, und das stimmt auch, aber wir sollten trotzdem unsere Fehler deshalb nicht immer wieder bewusst wiederholen. Kein Mensch macht immer alles richtig. Daran können wir nichts ändern, aber wir können schauen, wo unsere eigenen Schwächen liegen, und zusammen mit Jesus an ihnen arbeiten.

Jesus fordert in der oben genannten biblischen Geschichte alle Zuschauer der Szene persönlich heraus. Jeder soll doch zuerst mal „vor seiner eigenen Haustür kehren". Er trifft die Herzen der umstehenden Menschen in der Tiefe. Plötzlich fühlt sich jeder angesprochen und schließlich machen sich alle nach und nach aus dem Staub, weil sie gerade liebevoll überführt wurden und ihre eigene Sündhaftigkeit erkannt haben.

Interessant ist an dieser Stelle auch, dass ausgerechnet die älteren Menschen zuerst gehen. Handelt es sich bei ihnen vielleicht um Leute, die schon mehr Glaubenserfahrungen in ihrem Leben gemacht haben, für die Gott so richtig wichtig ist und die sich ihrer eigenen Schuld deshalb schneller bewusst werden? Oder könnte es sich um Gläubige handeln, die schon so festgefahren auf ihrem Weg sind, dass sie sich gegenüber solchen neuen Gedanken direkt verschließen wollen?

Auf jeden Fall fordert diese eine Frage die Menschen heraus. Auch hier können wir wieder von Jesus lernen. Manchmal ist es besser, nur eine gute Frage zu stellen, anstatt irgendwelche Anweisungen oder Ratschläge zu geben. Bei einer Frage kann sich unser Gegenüber selbst reflektieren und darüber nachdenken, was die Sache wirklich zu bedeuten hat. Leider sind Christen oft schnell im Verurteilen und werden schon mal als Besserwisser wahrgenommen. Doch genau so ein Verhalten ist nicht im Sinne Jesu. Wer sich als Christ weiterentwickeln möchte, der hört anderen Menschen erst mal zu und stellt bewusst offene Fragen. So kann sein Gegenüber gedanklich selbst in Bewegung kommen und den richtigen Weg für sein Leben finden.

Ein gnädiger Blick

Jeder Mensch macht Fehler, deshalb brauchen wir alle die Vergebung unserer Sünden. Du kannst noch so oft in die Kirche gehen und dich bemühen, einen guten Lebensstil zu führen oder gute Dinge tun wie Geld spenden, Fasten oder Beten. Und trotzdem wirst du täglich Fehler machen. Gott hätte seinen Sohn nicht auf die Erde schicken müssen, wenn wir Menschen hier unten alles im Griff hätten. Jesus ist gekommen, um uns von unserer Schuld zu befreien, und diese Freiheit ist ein Geschenk vom Himmel. In der Bergpredigt sagt uns Jesus:

Jesus ist gekommen, um uns von unserer Schuld zu befreien und diese Freiheit ist ein Geschenk vom Himmel.

„Glücklich sind, die ein reines Herz haben" (Matthäus 5,8).

Wie schön ist es, wenn wir Menschen ein gereinigtes Herz haben. Wir lieben es doch alle, glücklich zu sein und jeden Tag in vollen Zügen zu genießen. Und das können wir offensichtlich auch werden, wenn wir ein reines Herz haben. Jesus selbst möchte uns dieses reine Herz und somit echte Freude schenken, aber es ist ein Unterschied, ob wir aus eigener Kraft versuchen, rein zu werden, oder ob wir uns durch die Gnade von Jesus Christus reinigen lassen. Aus diesem Grund ist es so hilfreich, bei diesem Thema direkt von Jesus zu lernen. Menschen können dir so vieles erzählen und auch Christen können je nach Prägung oder eigenen Erlebnissen, total schräge Theorien über das Christsein verbreiten. Es ist deshalb wichtig, dass wir wirklich von „dem Besten" lernen und uns nicht von Menschen in die Irre führen lassen.

Jesus hat mit ungefähr 30 Jahren sein öffentliches Wirken auf dieser Erde gestartet. Wir lesen im Matthäusevangelium:

„Von da an begann Jesus zu predigen: ‚Kehrt um zu Gott! Denn Gottes Himmelreich ist nahe'" (Matthäus 4,17).

Der erste Schritt ist immer die Umkehr zu Gott. Gott ist ein Vater, der uns Menschen liebt. Seine Liebe ist unermesslich groß und sie hat unseren Vater alles gekostet – das Opfer seines eigenen Sohnes. Weil Gott uns Menschen so sehr liebt, sucht er auf der ganzen Erde nach Menschen, die auf ihn vertrauen. Er sehnt sich danach, mit dir Gemeinschaft zu haben, und er möchte dich mit seiner Liebe beschenken. Eine Umkehr zu Gott bedeutet deshalb ein Einsehen der eigenen Fehler und gleichzeitig ein Erkennen der großzügigen Liebe Gottes. Jesus hat diese göttliche Liebe jeden Tag vorgelebt und er hat uns durch sein Verhalten aufgezeigt, wie wir mit Fehlern umgehen können.

Eines Tages ist Jesus in Jericho unterwegs. In dieser Stadt wohnt der Zollbeamte Zachäus. Er nimmt im Auftrag der römischen Besatzungsmacht in der Stadt Jericho den Zoll ein. Er ist somit Pächter von diesem Zollgebiet und kann mit seiner Arbeit ganz schön viel Geld machen. Zachäus ist sehr reich. Aber die Leute mögen ihn gar nicht gerne, denn die Art und Weise, wie er zu seinem Geld kommt, ist nicht immer fair. Er zieht meistens mehr Geld ein, als es üblich ist, und kann so den Überschuss in seine eigene Tasche stecken.

Die Menschen in der Stadt nennen Zachäus einen Gauner und Betrüger. Niemand will etwas mit ihm zu tun haben. Doch dann kommt Jesus in die Stadt und Zachäus möchte ihn sehen. Weil Zachäus klein ist, rennt er der Menschenmenge voraus und versteckt sich auf einem Baum. Von dort aus will er einen Blick auf Jesus erhaschen. Aber als Jesus mit seinen Jüngern an diesem Baum vorbeikommt, geschieht etwas ganz Besonderes:

„Als Jesus dort vorbeikam, schaute er hinauf und rief: ‚Zachäus, komm schnell herunter! Ich soll heute dein Gast sein'" (Lukas 19,5).

Jesus weist Zachäus nicht erst mal für sein Fehlverhalten zurecht – nein, er schaut zu ihm hoch. Allein schon diese Geste zeigt ein respektvolles Verhalten. Jesus hätte auch einfach vorbeigehen können, doch er zeigt Zachäus Wertschätzung, indem er zu ihm aufblickt. Seine ganze Aufmerksamkeit gehört diesem sündigen Zöllner.

Dabei weiß Jesus ganz genau, wie viel Geld dieser Mann abgezockt hat. Es ist ihm sonnenklar, dass dieser Mann von allen Menschen in der Stadt verachtet wird. Doch Jesus wählt die „sanfte Tour" und blickt ihn einfach erst mal an. Genau dasselbe tut er auch in deinem Leben. Mag sein, dass du auch schon ziemlich viel verbockt hast in deinem Leben, aber Jesus verurteilt dich nicht, er schaut dich liebevoll an!

Egal, wie unsere Vergangenheit aussieht, Jesus schenkt uns immer einen liebevollen und gnädigen Blick. Nach diesem Augenkontakt folgt die persönliche Anrede. Jesus ruft: „Zachäus!" Er sagt nicht einfach, er solle sofort runterkommen, und gibt ihm knallharte Anweisungen, er ruft ihn beim Namen. Das empfinden wir als äußerst liebevoll und bemerkenswert. Jesus ruft uns Menschen zuerst beim Namen. Selbst wenn es um unsere Fehler geht, bleibt Jesus ein liebevoller Freund, der nicht zuerst den Fehler sieht, sondern den Menschen in seiner Situation ins Zentrum stellt. Die Bibel lehrt uns an anderer Stelle:

„Ich habe dich bei deinem Namen gerufen, du gehörst zu mir" (Jesaja 43,1).

Gott selbst möchte dich bei deinem Namen rufen und dir seine Liebe aussprechen. Du darfst zu der Familie Gottes gehören und selbst wenn du Fehler in deinem Leben gemacht hast, haben sie bei Gott nicht das letzte Wort. Jesus gibt jedem Menschen eine neue Chance und seine Liebe umschließt jedes Herz.

Auch Zachäus durfte das ganze Ausmaß dieser Liebe von Jesus erfahren. Jesus verurteilte den Zöllner nicht und er machte ihm keine Vorwürfe. Stattdessen ging er mit ihm in sein Haus und setzte sich mit ihm an den Tisch. Gemeinsam aßen und tranken sie. Selbst jetzt machte Jesus ihm keine Vorwürfe oder zählte ihm seine Fehler auf. Er zeigte Zachäus den größten Respekt und hörte ihm aufmerksam zu. Durch dieses aufrichtige Gespräch erkannte der Zöllner schließlich selbst seine Schuld und merkte plötzlich, dass sein Handeln nicht in

Ordnung war. Er erkannte tief in seinem Herzen seine Fehler und konnte deshalb ganz ruhig sagen:

„Herr, ich werde die Hälfte meines Vermögens an die Armen verteilen, und wem ich am Zoll zu viel abgenommen habe, dem gebe ich es vierfach zurück" (Lukas 19,8).

Sein Verhalten war nicht in Ordnung, doch nun ordnet Zachäus sein Leben und bringt den Menschen ihr Geld zurück. Wenn wir von Jesus lernen möchten, dann können wir in dieser Geschichte einen kostbaren Schlüssel für unser Leben entdecken. Bei Jesus geht es nie darum, unter Druck eine Veränderung zu erzeugen oder aus Zwang eine Handlung durchzuführen. Jesus möchte in jede Angelegenheit Entspannung und Freiheit bringen. Er ist ein Freund der Sünder (vgl. Matthäus 11,19) und seine Leidenschaft ist es, Menschen auf einen guten Weg zu führen. Sein Leben ist geprägt von der Liebe Gottes, deshalb kann er jedes menschliche Herz in einer guten Art und Weise erreichen. Je mehr wir selbst die Liebe Gottes in unseren Herzen verwurzeln, desto mehr werden wir unser Fehlverhalten ablegen und gute Taten auf dieser Welt vollbringen.

Jesus ist gekommen, um uns von unserer Schuld zu befreien und diese Freiheit ist ein Geschenk vom Himmel. Seine Leidenschaft ist es, Menschen auf einen guten Weg zu führen.

Die Liebe Gottes zieht sich durch die gesamte Bibel hindurch. Vom Anfang bis zum Ende begegnen Menschen Gott und Gott begegnet ihnen stets auf liebevolle Art und Weise. Doch manche Christen haben die vollständige Dimension dieser Liebe noch nicht erfassen können. Sie werden immer noch von Schuldgefühlen geplagt und von Zwängen gefangen genommen.

Gerade kürzlich erzählte uns ein junger Mann, dass er früher in seiner Familie ständig etwas leisten musste, weil ihm gesagt wurde, dass er nur dann in den Himmel käme. Seine Eltern warfen ihm jeden Fehler vor und er musste immer wieder versuchen, ein guter Christ zu sein, weil sie ihm mit der Hölle drohten.

Doch es wird uns nie gelingen „ein guter Christ zu sein", der den Himmel verdient hat. Keine Leistung öffnet uns jemals die Himmelstür. Jesus verlangt nicht, dass wir uns aus eigener Kraft heraus den Himmel verdienen. Das Leben nach dem Tod ist ein Geschenk von Gott, und wer von Herzen an Jesus Christus glaubt, der darf in Ewigkeit leben.

Komm nach Hause zum Vater

Jesus erzählte einmal die Geschichte vom verlorenen Sohn (vgl. Lukas 15,11-31). Ein Vater hat zwei Söhne und der jüngere will sein Erbe ausbezahlt haben und mit dem Geld in die Ferne reisen. So verlässt er seinen Vater, reist in die weite Welt und verprasst dort all sein Erbe. Am Ende wird er bettelarm und arbeitet in einem Schweinestall. Dort kommt er zur Besinnung und beschließt, zu seinem Vater zurückzukehren. Und was geschieht dann?

„Voller Mitleid lief [der Vater] ihm entgegen, fiel ihm um den Hals und küsste ihn" (Lukas 15,20).

Der „verlorene Sohn" hat wirklich viele Fehler gemacht. Er hat sehr viel Geld verprasst und sein Leben in einen Scherbenhaufen verwandelt. Aber die Liebe des Vaters bleibt immer dieselbe. Er schenkt seinem Sohn einen kompletten Neuanfang und macht ein großes Fest. Außerdem gibt er seinem Sohn die Würde zurück, indem er ihn mit einem kostbaren Ring, Schuhen und einem schönen Kleid beschenkt.

Dies sind alles Symbole dafür, dass der einst verlorene Sohn wieder vollständig zur Familie gehören darf. Wer an Jesus glaubt und Gottes Kind ist, der gehört zu der Familie Gottes und kann nicht einfach wieder aus ihr herausfallen. Fehler können passieren, aber Gott ist ein gnädiger Gott und er freut sich, wenn Menschen sich auf den Weg zu ihm zurück machen.

Wenn wir Fehler machen und diese Fehler nicht aus der Welt schaffen, dann werden wir immer mehr eingeengt von unserer Schuld. Wir tragen eine schwere Last und das kann Auswirkungen auf unsere Seele und unseren Körper haben. Ich selbst kann mich nicht mehr gut konzentrieren, wenn ich einen Fehler gemacht habe. Wenn ich beispielsweise ungerechtfertigt meine Kinder beschimpft habe, nur weil ich selbst gerade im Stress gewesen bin, dann ist das nicht in Ordnung.

Wenn ich mein Fehlverhalten nicht aufräume und um Vergebung bitte und versuche, einfach weiter an meinem Buchprojekt zu arbeiten, dann funktioniert das nicht. Ich muss mich in dieser Situation noch mal aus meiner Schreibstube begeben, zu meinen Kindern, und um Vergebung bitten. Eine Entschuldigung entlastet mich und bringt mich in die völlige Freiheit zurück. Jesus hat am Kreuz für unsere Fehler bereits bezahlt, deshalb sind sie vergeben und wir dürfen entspannt unseren Lebensweg gehen. Jesus sagt:

„Jeder der sündigt ist ein Sklave der Sünde. Ein Sklave hat nicht das Recht, für immer in der Familie zu bleiben, für die er arbeitet. Dieses Recht hat nur der Sohn der Familie. Wenn euch also der Sohn Gottes befreit, dann seid ihr wirklich frei" (Johannes 8,34-36).

Durch Jesus Christus sind wir keine Sklaven mehr, sondern Gottes Kinder, und wir haben bereits Freiheit für unsere Seelen erfahren. Wir haben unsere „Schuhe" schon zurückbekommen wie der verlorene Sohn im Gleichnis. Damals hatten nämlich nur Sklaven keine Schuhe. Sie mussten barfuß durch die Welt gehen. Doch Jesus schenkt uns durch seinen Tod am Kreuz die komplette Freiheit und wir dürfen das Leben so was von genießen! Wer dieses Geschenk in seinem Herzen annimmt, braucht keine Schuldgefühle mehr zu haben, denn Jesus hat bereits für alle Fehler bezahlt.

In manchen christlichen Familien oder Kreisen wird uns leider trotzdem etwas anderes vorgelebt. Da gibt es bei jeder Vergebung immer noch einen Vorbehalt. Altlasten werden ständig wieder hervorgeholt oder Menschen werden für immer abgestempelt, weil sie eine gewisse Sünde begangen haben. Aber das ist niemals im Sinne von Jesus. Der Sohn Gottes hat uns keine Vorbehalte vorgelebt. Er hat uns vollständig vergeben, nicht nur ein bisschen. Jede Geschichte, in der Jesus Menschen begegnet, endet in einer großen Freiheit und Freude. Ja, mehr noch: Gerade da, wo Menschen wirklich große Fehler gemacht haben, zeigt Jesus seine Liebe und absolute Vergebungsbereitschaft. Uns gefällt die Geschichte von der Frau mit dem Öl.

Eines Tages kommt Jesus zum Essen in das Haus eines Pharisäers. Da kommt eine Frau herein, kniet vor Jesus nieder und beginnt zu weinen. Sie ist eine Frau, deren Leben ein einziger Scherbenhaufen ist. Sie hatte schon richtig viele Männer, aber alle ihre Beziehungen gingen in die Brüche. Ihre Tränen, die auf die Füße von Jesus fallen, trocknet sie mit ihren Haaren ab und schließlich gießt sie kostbares Öl über ihnen aus. Die Pharisäer können nicht verstehen, dass Jesus so ein Verhalten von dieser Sünderin zulässt. Aber Jesus kennt ihre Gedanken und so erzählt unser Bester ihnen eine Geschichte und stellt ihnen dazu eine Frage:

„Ein reicher Mann hatte zwei Leuten Geld geliehen. Der eine Mann schuldete ihm 500 Silberstücke, der andere 50. Weil sie das Geld aber nicht zurückzahlen konnte, schenkte er es beiden. Welcher der beiden Männer wird ihm nun am meisten dankbar sein?" (Lukas 8,41).

Für die Pharisäer ist umgehend klar, dass der Mann mit den 500 Silberstücken richtig dankbar sein muss, denn ihm wurden sehr viele Schulden erlassen. Jesus erklärt darauf allen Zuhörern, dass er gekommen sei, um Sünden zu vergeben und somit auch die Sünden dieser Frau. Außerdem erläutert er, dass Menschen, denen viel vergeben wird, ganz anders handeln werden als Menschen, denen nur wenig vergeben wurde. Die Frau habe kostbares Öl über seine Füße gegossen. Die Pharisäer hingegen haben sich nicht wirklich um sein Wohlergehen gekümmert.

Menschen, die durch Jesus Christus Gnade erfahren haben, werden selbst andere Menschen mit mehr Liebe behandeln. Je mehr wir uns der Gnade in unserem Leben bewusst werden, desto mehr wird unser Herz zu einem Herzen voller Liebe für andere Menschen geformt.

Als Dan ein Teenager war, vergaß seine Mutter eines Tages die kochende Milch auf dem Herd und ging aus dem Haus. Dan war in seinem Zimmer und hörte plötzlich ein komisches Knistern und Knacken aus der Küche. Er machte sich auf den Weg in die Küche und entdeckte dort mit großem Schrecken ein Feuer, denn der Herd stand bereits in Flammen. Für ein großes Bauernhaus mit angebauter Scheune und einem Stall war das natürlich eine große Katastrophe.

Dan war jedoch geistesgegenwärtig und holte sofort den schweren Teppich aus dem Wohnzimmer. Mit aller Kraft warf er diesen schweren Teppich über das Feuer und konnte so tatsächlich die Flammen zum Ersticken bringen. Als die Feuerwehr schließlich ankam, konnten sie alles in den Griff bekommen. Die Küche war zwar ausgebrannt, aber das Haus konnte gerettet werden. Der Versicherungsexperte bedankte sich am Ende bei dem Teenager und meinte, er hätte mit seinem Teppichwurf eine Summe von Millionen eingespart.

Dans Mutter hatte einen großen Fehler gemacht. Sie hatte den Herd vergessen auszuschalten, aber sie hat in dieser Situation doch sehr viel Gnade erlebt oder andere würden sagen: „Glück im Unglück!“ Umso dankbarer war sie danach über das glimpfliche Ende.

Vergebung – ein für alle Mal?!

Jesus hat große Gnade, deshalb dürfen wir dankbar auf diese Gnade sehen und uns gewiss sein, dass unsere Fehler vollständig vergeben sind. Einerseits passieren uns Fehler, für die wir nicht viel können, wie zum Beispiel die vergessene Milch auf dem Herd. Doch andererseits machen wir auch Fehler, wenn wir aus Ärger oder aus einer bestimmten Prägung heraus handeln. In diesen Momenten verletzen wir andere Menschen mit giftigen Worten oder wir behandeln sie unfair, weil wir viel zu emotional reagieren. Dabei sollten wir bedenken, dass eine gewisse negative Sache, die Wurzeln in unserem Herzen geschlagen hat, plötzlich negative Reaktionen auslösen kann. Wenn wir dieser Sache nicht auf den Grund gehen, wird es immer wieder Situationen geben, in denen wir mit Ärger, Unmut oder gar Aggressionen reagieren. Als Jesus verhaftet wurde, erschraken die Jünger und wollten sich sofort für ihren Herrn einsetzen. Ein Jünger nahm jedoch das Schwert, schlug auf einen Diener des Hohepriesters ein und hieb ihm das Ohr ab. Die Reaktion von Jesus ist sehr bemerkenswert:

„Aber Jesus befahl: ‚Hört auf damit!' Er berührte das Ohr des Mannes und heilte ihn" (Lukas 22,51).

Der Jünger hat einen Fehler gemacht, aber Jesus sagt in diesem Moment nicht: „Ab mit dir in die Hölle, du bist unbrauchbar!" Nein, er reagiert anders. Er gibt die Anweisung, mit diesem sündigen Verhalten aufzuhören, denn wahrscheinlich spürten alle Jünger in diesem Moment eine Wut im Bauch. Und dann legt Jesus sogar noch liebevoll seine Hand auf das verletzte Ohr. Wir Menschen werden immer wieder Fehler machen, aber Jesus bittet uns, damit aufzuhören.

Im Griechischen wird für Sünde das Wort „hamartia" gebraucht, das „Zielverfehlung" bedeutet. Stell dir vor, du hast genau eine Chance und willst mit einem Pfeil genau ins Schwarze der Zielscheibe treffen, aber du zielst nicht richtig und der Pfeil schießt weit an der Scheibe vorbei. Der Pfeil ist verschossen und du kannst es nicht mehr rückgängig machen. Genauso ist es bei unseren Fehlern beziehungsweise unseren Sünden. Wenn wir einen Fehler machen, der uns selbst oder anderen schadet, dann schießen wir weit an dem Ziel vorbei, das Jesus für uns hat: ein gelingendes Leben in Gemeinschaft mit ihm. Und wir können die Sache nicht mehr rückgängig machen.

Doch Jesus hält eine Lösung für uns bereit: Auf all die Situationen, in denen wir Fehler gemacht haben, möchte er liebevoll seine Hand legen und uns wieder Heilung und Frieden schenken. Doch leider ist die Meinung verbreitet, dass uns als Christ eigentlich keine Fehler mehr passieren dürften. Viele Christen denken, sie müssten immer alles im Griff haben, und versuchen deshalb, sich einen äußerlichen Heiligenschein zu basteln. Die Fehler passieren dennoch – aber eben im Verborgenen. Nach außen verdeckt man die Wahrheit.

Und Christen, die ehrlich ihre Fehler zugeben, werden manchmal von anderen verachtet und ausgegrenzt, weil sie nicht das Bild von einem guten Christen erfüllen. Doch genau dieses Verhalten entspricht nicht dem Lebensstil von Jesus. Jesus hat den Sündern liebevoll in die Augen geschaut und immer Heilung und Liebe in das Leben dieser Menschen gebracht anstatt Verurteilung. Es gibt keinen Fehler, für den Jesus nicht bereits am Kreuz gestorben ist. Er hat am Kreuz den *vollen* Preis bezahlt. Wir lesen in der Bibel:

„Er hat mit seinem Tod am Kreuz diesen Willen Gottes erfüllt; und deshalb gehören wir durch sein Opfer **ein für alle Mal** ***zu Gott" (Hebräer 10,10; Hervorh. d. V.).***

So laden wir dich heute ein, alle deine Fehler vorm Kreuz Jesu loszulassen. Du darfst alles bei ihm abgeben, denn Jesus hat bereits dafür bezahlt – ein für alle Mal. Vielleicht trägst du eine schwere Last mit dir herum. Möglicherweise hast du Fehler in Beziehungen oder am Arbeitsplatz gemacht. Oder du trägst die schwere Last, einen Unfall verantwortet zu haben oder hast deine Emotionen nicht immer im Griff und verpestest mit deinen Wutausbrüchen immer wieder die schöne Atmosphäre in deinem Haus. Manchmal gibt es auch belastende Dinge, die wir vor uns herschieben, obwohl wir eigentlich längst etwas unternehmen sollten, um diese Situationen zum Positiven zu verändern.

Uns als Paar hilft es immer wieder, wenn wir uns gegenseitig offen und ehrlich unsere Fehler eingestehen. Wenn ich mit meinem Mann

Streit hatte, dann versuche ich, diese Sache noch am selben Tag oder allerspätestens am Tag darauf zu klären. Wir wollen keine Altlasten mit uns herumschleppen, denn wir haben uns dazu entschieden, das Leben zu genießen. Jede Woche haben wir genügend Herausforderungen in unserem Dienst als Pastorenehepaar, deshalb ist es für uns keine Option, auch noch Ungereimtheiten zwischen uns als Ehepaar anstehen zu lassen.

Wenn ein Paar täglich die Unstimmigkeiten aus dem Weg schafft, wird dadurch eine große Energie freigesetzt. Fehler, die nicht angesprochen und einfach toleriert werden, können eine Ehe zum Zerbrechen bringen. Wer unbeschwert sein Leben genießen möchte, der kann alle Sorgen und begangene Fehler täglich zum Kreuz bringen und sich „im Gegenzug" eine reichliche Portion an Freiheit und Energie mitnehmen. Dadurch wird man auch bereit, sich bei seinen Mitmenschen zu entschuldigen und das Gespräch zu suchen.

Leider gibt es einige Christen, die sich bei Konflikten lieber „vornehm zurückziehen" und mit ihren Konfliktpartnern einfach nicht mehr reden möchten.

Eine Auszeit kann tatsächlich manchmal gut sein, aber wer danach nicht den Frieden sucht, der wird weiterhin unter der Belastung einer unversöhnten Beziehung leiden. Auch in diesem Punkt können wir wieder von Jesus lernen.

„Gelobt sei der Herr, der Gott Israels! Denn er hat besucht und erlöst sein Volk" (Lukas 1,68).

Durch Jesus Christus hat Gott selbst dich und mich besucht. Sein Sohn wurde Fleisch und Blut, um uns Menschen auf dieser Erde zu treffen. Das fasziniert uns, denn Gott zeigt uns damit seine großartige Liebe zu uns Menschen. Gott hat uns besucht und erlöst. Das bedeutet, ihm ist die Beziehung zu uns sehr wichtig. Wir besuchen ja schließlich auch nur Menschen, die uns wichtig sind. Wir wollen Zeit mit den Leuten verbringen, die wir lieben. Genauso ist es bei deinem Vater im Himmel. Er hat uns durch Jesus Christus aus denselben Gründen besucht. Du bist wichtig für ihn. Dein Vater im Himmel besucht dich, weil er dich ganz arg mag und die Beziehung mit dir vertiefen möchte. Und diese Beziehung zu dir ist ihm nicht nur wichtig, sondern er hat alles dafür gegeben, dass sie in dieser Form überhaupt möglich wurde. Er hat alles *für dich gegeben.* Sein einziger Sohn wurde für dich geopfert, damit du ein gerettetes Kind Gottes sein kannst. Gott hat etwas Neues in dir geschaffen und du hast eine neue Identität bekommen.

Vielleicht denkst du jetzt: *Ach, wenn du wüsstest, was ich schon alles in meinem Leben verbockt habe, dann würdest du nicht mehr behaupten, dass Gott auch in mir eine neue Identität schaffen kann.* Manche Christen denken leider tatsächlich immer noch, sie hätten es nicht verdient, von Gott geliebt zu werden, und sind es nicht würdig, diesem Gott persönlich zu begegnen. Im Grunde bezweifeln sie mit diesem Denken, dass Gott sie mit ihrer Persönlichkeit wirklich erretten kann. Es macht uns traurig, wenn diese Lügen so tief in den Köpfen mancher Christen verankert sind. Dabei hat Jesus das nie so gesagt. Im Gegenteil, wenn wir uns sein Leben anschauen, dann war er immer ein Freund der Sünder.

Selbstverständlich hat er die Menschen auch immer dazu aufgefordert, von den falschen Wegen umzukehren, aber grundsätzlich hat Jesus jedem Sünder seine Hände entgegengestreckt und ihm eine neue Chance gegeben.

Jesus erklärte immer wieder mit tollen Bildern, wie Gottes Liebe und sein Reich zu verstehen sind. Einmal gebrauchte er das Bild von einem Baum mit verschiedenen Früchten. Er erklärte seinen Zuhörern, dass man von einem Dornenbusch keine guten Feigen oder von Gestrüpp saftige Weintrauben pflücken kann. Jeden Baum erkenne man an seinen Früchten. Dazu erklärt er:

„Wenn ein guter Mensch spricht, zeigt sich, was er Gutes in seinem Herzen trägt. Doch ein Mensch mit einem bösen Herzen kann auch

nur Böses von sich geben. Denn wovon das Herz erfüllt ist, das spricht der Mund aus!" (Lukas 6,45).

Ein guter Mensch ist nicht der, der alles immer richtig macht und mit einem (Schein-)Heiligenschein durch die Welt geht. Ein guter Mensch erkennt seine Fehler und macht sich auf den Weg, um wieder Frieden zu finden und zu stiften.

KAPITEL 7:

DRUCK REDUZIEREN – FREIHEIT GENIESSEN

… wie auch wir vergeben unseren Schuldigern …

Wir sind fasziniert davon, wie uns das Vaterunser den roten Faden für dieses Buch geschenkt hat. Heute sind wir nun in der Mitte des Gebets angekommen, wo es um die Vergebung der Schuld geht. Wir glauben, es ist kein Zufall, dass dieses Thema tatsächlich im Zentrum von diesem Gebet steht. Außerdem fällt uns auf, dass Jesus an dieser Stelle bewusst zuerst unsere eigene Schuld anspricht. Damit haben wir uns im letzten Kapitel ja bereits auseinandergesetzt. Erst danach geht er einen Schritt weiter und unsere eigene Vergebungsbereitschaft gegenüber unseren „Schuldigern" wird angesprochen.

Genauso wie das Thema Vergebung mitten im Vaterunser platziert ist, sollte die Vergebung ins Zentrum unseres Lebens rücken. Denn wer die Wichtigkeit der Vergebung erkennt und die Vergebung der eigenen Schuld tief in seinem Herzen annehmen kann, der wird auch dazu fähig werden, seinen Mitmenschen vollständig zu vergeben – und dadurch mit einer großen Freiheit beschenkt werden.

Wer erfolgreich seinen Lebensweg gehen und in den vorbereiteten Wegen Gottes laufen möchte, der darf niemals bei der Vergangenheit stehen bleiben und sich von Verletzungen und Drucksituationen irritieren lassen, denn in dieser Verfassung ist nur ein beschwerliches Vorankommen möglich.

In diesem Kapitel möchten wir dir aufzeigen, wie du den Druck von außen in der Kraft Gott besser bewältigen kannst. Leider wird es immer wieder Menschen oder Situationen geben, die uns ärgern, weil uns Unrecht getan wird und/oder wir massiv unter Druck gesetzt werden. Wie schwierig ist es, diesen Menschen, die uns Unrecht getan haben, dann restlos zu vergeben?

Was können wir tun, wenn sich die Wut im Bauch anstaut und wir das Verhalten unserer Mitmenschen einfach nicht verstehen können?

Weil Jesus selbst diese Schwierigkeiten aus seinem eigenen Leben hier auf Erden kennt und persönlich richtig bittere Erfahrungen mit Menschen gemacht hat, können wir von ihm auch zu diesem Thema eine Menge lernen. Jesus selbst war immer wieder unter massivem Druck, doch er hat jedes Mal souverän reagiert und zeigt uns damit auf, wie wir vollständige Freiheit in unserem Leben erfahren können. Deshalb ermutigt Jesus im Vaterunser:

„Wie auch wir vergeben unseren Schuldigern.“

Jesus geht davon aus, dass es immer wieder Leute in unserem Leben geben wird, die uns Unrecht tun. Das ist ja auch klar, denn wenn jeder von uns Fehler macht, dann tangagiert das natürlich auch das Leben unserer Mitmenschen. Doch wir können als Christen Jesus ähnlicher werden und einen fairen Lebensstil eintrainieren – mit seiner Hilfe.

Trotzdem ist kein Christ perfekt und aus diesem Grund wird jeder Mensch negative Spuren in seinem Umfeld hinterlassen. Gerade gestern habe ich mit nur einem kleinen Wort meinen Mann tief verletzt. Manchmal denken wir gar nicht darüber nach, wie traurig unsere Worte unsere Nächsten machen können, weil wir uns nicht bewusst sind, in welcher Lebenslage sie sich vielleicht gerade befinden und welche Auswirkungen unsere Worte dementsprechend auf sie haben können.

Auch dir kann es täglich passieren, andere Menschen ungewollt zu verletzen und sie in Mitleidenschaft deiner eigenen Fehler zu ziehen. Genau deshalb ist jeder Mensch dazu herausgefordert, sich mit dem Thema Vergebung intensiv auseinanderzusetzen.

Da dieses Thema äußerst anspruchsvoll ist, sind wir dankbar, dass wir auch in diesem Kapitel auf die Hilfestellungen von Jesus, dem Besten, zählen zu dürfen. Jesus selbst ist perfekt und der Einzige, der tatsächlich keine Fehler macht, denn er ist und bleibt der Sohn Gottes. Aber die Menschen haben ihn trotzdem ungerecht und teilweise sehr gemein behandelt. Ja, sie haben ihn sogar zum grausamen Tod am Kreuz verurteilt, obwohl er völlig frei von Schuld war. Je mehr wir uns darüber bewusst werden, wie perfekt Jesus tatsächlich ist, desto mehr werden wir erkennen, wie beispielhaft er in Drucksituationen reagiert hat.

Jeder Mensch wird aufs Höchste herausgefordert, wenn er ungerecht behandelt wird. Es wäre total „menschlich", würden wir in solchen Situationen schimpfen, negative Reden verbreiten oder vielleicht sogar mal einen Gegenstand durch die Luft werfen.

Wenn wir eine Orange auspressen, dann kommt Orangensaft zum Vorschein, wenn wir eine Zitrone auspressen, dann werden wir Zitronensaft daraus gewinnen. Das ist logisch, denn das was im Inneren einer Frucht ist, wird bei Druck aus ihr herauskommen. Genauso ist es in unserem Leben. Wenn wir unter Druck geraten und quasi „ausgepresst" werden, wird zum Vorschein kommen, was in uns ist. Je nachdem mit was unser Herz dann gerade gefüllt ist oder mit welcher Prägung wir durchs Leben gehen, reagieren wir anders. Deshalb ist der Zustand unseres Herzens so wichtig und wir sollten wissen, was sich in unserem Inneren befindet.

Jesus selbst geriet in unterschiedliche Drucksituationen. Einmal wollten die Pharisäer ihn austricksen und fragten ihn, ob sie als Bürger dem Kaiser Steuern zahlen sollten. Sie stellten ihm diese Frage bewusst in der Öffentlichkeit und wollten ihn in die Enge treiben. Wir lesen dazu im Markusevangelium:

„Danach schickten sie einige Pharisäer und Anhänger von König Herodes zu Jesus, um ihn mit seinen eigenen Worten in eine Falle zu locken [...] Jesus durchschaute ihre Falschheit" (Markus 12,13+15).

Jesus ist schlau und tappte nicht einfach in die Falle rein, die ihm gestellt wurde, sondern reagierte mit Weisheit. In aller Ruhe ließ er sich eine Münze vorzeigen und erklärte den Pharisäern, dass sie dem Kaiser das geben sollen, was dem Kaiser zusteht. Jesus reagierte anders als von der Masse erwartet wurde, er blieb gelassen und antwortete überlegt. Genauso können auch wir in kleineren Drucksituationen reagieren. Es wird immer wieder vorkommen, dass Menschen dich nerven und dir einen Anlass geben, verärgert oder gar wütend zu werden.

Als Dan und ich ganz frisch verheiratet waren, habe ich mich mit Dan oft über Kleinigkeiten gestritten. Ich kann mich erinnern, wie wir auf einem Jahrmarkt waren und es darum ging, an welchem Stand wir etwas essen möchten. Dan wollte Schnitzel vom Grill und ich hatte mehr Lust auf Pizza. Wir haben uns tatsächlich über diese Kleinigkeit gestritten, bis ich irgendwann gemerkt habe, wie unwichtig es doch eigentlich war, von welchem Stand wir etwas essen würden.

Ich musste am Anfang unserer Ehe lernen, dass nicht immer alles so laufen muss, wie ich das möchte. Doch genau diese Prägung hatte ich damals noch in meinem Herzen. Ich wollte alles bestimmen und selbst entscheiden. Und wenn Dan dann noch eine falsche Bemerkung machte, wurde ich richtig wütend und fühlte mich direkt unter Druck gesetzt.

Wir sind nun seit über 20 Jahren verheiratet und ich hätte mich die ganze Zeit innerlich unter Druck setzen lassen und richtig viel streiten können. Ich habe mich jedoch schon nach kurzer Ehezeit dagegen entschieden und in solchen Situationen bewusst den Druck minimiert, indem ich auch mal für andere Ideen offen wurde. Dazu musste ich die Festlegung in meinem Herzen ablegen und einen neuen Lebensstil eintrainieren.

Wenn wir Druck in unserem Alltag erkennen, dann können wir wie Jesus mit Weisheit auf ihn reagieren. Und je mehr wir lernen, in Alltagssituationen den Druck zu reduzieren, desto mehr Friede und Ruhe wird in unser Leben einziehen. Die Frage bleibt jedoch: Wie schaffen wir es, ruhig zu bleiben, wenn uns Menschen tatsächlich ungerechtfertigt schlecht behandeln und es nicht nur um eine Entscheidung zwischen Steak und Pizza geht?

Schauen wir noch einmal auf Jesus: Kurz vor seinem Tod hatte er seinen Jüngern bereits angekündigt, dass er viel leiden werde (vgl. Markus 8,31). Später wurde er angespuckt, geschlagen, verhöhnt und am Ende auf brutale Art und Weise ans Kreuz geschlagen. Die Römer quälten Jesus bestialisch. Die Dornenkrone, die Peitschenhiebe und schließlich die Nägel, die ihn durchbohrten – all das war fürchterlich. Jesus hing unschuldig zwischen zwei Schwerstverbrechern an diesem Holzkreuz und hatte unaussprechliche Schmerzen. Sein Leiden war so groß, dass wir es uns nicht annähernd vorstellen können. Und trotzdem betete Jesus dort am Kreuz:

„Vater, vergib ihnen, denn sie wissen nicht, was sie tun!“ (Lukas 23, 34).

Vergebung ist Jesus so wichtig. Er war bereit, seinen größten Feinden, den Menschen, die ihn so gequält haben, zu vergeben. Mit diesem Ausruf ließ er den ganzen Schmerz los, und legte alles in Gottes Hand. Jesus selbst wollte seine Liebe zu den Menschen aussprechen und er deklariert seine Vergebungsbereitschaft. Er hatte selbst in dieser Situation Verständnis und zeigt seinen Feinden gegenüber eine Offenheit. Der Sohn Gottes verschließt sich nicht und ist mitten im größten Konflikt bereit, für sein Gegenüber offen zu sein. Ja, er sprach sogar mit seinem Vater über seine Feinde und wünschte ihnen das Beste! Und obwohl er sich in dieser Situation sogar von ihm verlassen fühlte, ging er doch konsequent den Weg bis in den Tod. Kurze Zeit später starb Jesus unschuldig am Kreuz und mit diesem Tod erringt er den größten Sieg, den die Welt jemals gesehen hat: Es ist die Vergebung der Schuld aller Menschen!

„Aber Dank sei Gott! Er schenkt uns den Sieg durch Jesus Christus, unseren Herrn!“ (1. Korinther 15, 57).

In der größten Drucksituation, die sich ein Mensch vorstellen kann, hielt Jesus durch und war bereit, den Schmerz auszuhalten – und er war bereit zu vergeben. Und diese Offenheit führte ihn in den größten Sieg.

Auch wir Menschen können uns entscheiden, wie wir in Schwierigkeiten reagieren möchten. Vielleicht haben Menschen dir großes Unrecht getan – möglicherweise sogar andere Christen, was uns besonders schmerzt. Leider können wir unsere Mitmenschen nicht ändern, aber wir können uns immer entscheiden, wie wir in Drucksituationen reagieren möchten.

Kompromisslose Vergebung

Jesus lehrt uns immer wieder, einen guten Umgang miteinander zu pflegen, auch wenn wir in Krisenzeiten stecken. Kurz vor seinem Tod sprach Jesus noch einmal von der Liebe untereinander. Es handelte sich dabei nicht um eine Zeit, in der er mit seinen Jüngern „gechillt“ am See Genezareth gefischt hätte oder in der sie in einem schönen Bistro von Jericho ein wenig gequatscht hätten und ihre Freundschaft auf einem Höhenpunkt gewesen wäre. Es war mitten in der Zeit der Krise, denn Jesus wusste bereits, dass Judas ihn sehr bald später verraten und Petrus ihn verleugnen wird. Die Enttäuschung war schon spürbar nahe, doch in diesem Moment sagt Jesus:

„Ich gebe euch jetzt ein neues Gebot: Liebt einander! So wie ich euch geliebt habe, so sollt ihr euch auch untereinander lieben. An eurer Liebe zueinander wird jeder erkennen, dass ihr meine Jünger seid" (Johannes 13,34).

Wenn die Liebe Gottes im Zentrum unseres Leben steht und somit auch im Zentrum von jedem Konflikt, dann werden sich neue Wege öffnen, um zu einem guten Ziel zu gelangen. Ohne die göttliche Liebe haben wir keine Möglichkeit, konsequent und kompromisslos zu vergeben.

Jesus betont an dieser Stelle noch einmal, wie sehr er uns Menschen liebt. Die Liebe Gottes ist in unsere Herzen ausgegossen, deshalb steht uns eine unglaublich große Kraftquelle zur Verfügung. Auch dein Herz ist mit der Liebe Gottes gefüllt und du hast ein Kraftpaket zur Verfügung gestellt bekommen, mit dem du jede Schwierigkeit in deinem Leben überwinden kannst.

Doch wie funktioniert das ganz praktisch? Wie können wir tatsächlich jeden Ärger und jede Bitterkeit aus unserem Leben ausräumen und selbst unseren größten Feinden restlos vergeben?

Viele Christen machen den Fehler, dass sie aus eigener Kraft versuchen, ihren Mitmenschen zu vergeben. Außerdem neigen auch Christen in Konflikten dazu, am liebsten selbst recht zu haben und insgeheim zu erwarten, dass der Gegenüber genauso denken und es halten muss, wie man es selbst für richtig hält. Oft mangelt es an Verständnis und Offenheit für eine andere Meinung, doch jeder Mensch denkt und kommuniziert anders. Aus diesem Grund brauchen wir zunächst einmal richtig viel Verständnis für unsere Mitmenschen. Genau das beinhaltet die bedingungslose Liebe, von der Jesus spricht. Wer die göttliche Liebe aus seinem Herzen fließen lässt, der wird mehr Verständnis und Wohlwollen gegenüber jedem Menschen zeigen.

Jede menschliche Liebe ist im Konflikt überfordert. Sie sträubt sich, bäumt sich auf, lässt unkluge Worte aus unserem Mund purzeln, wird wütend, läuft davon oder ist nachtragend. Ich habe vollstes Verständnis, dass das menschliche Herz so auf Verletzungen und Unrecht reagieren möchte. Unser Gemüt ist in diesen Situationen überfordert und das darf auch so sein, aber genau deshalb spricht Jesus von der göttlichen Liebe. Und hier liegt der wertvollste Schatz, den wir in der Bibel entdecken können: Jesus selbst hat uns die größte und kostbarste Liebe geschenkt. Er hat mit seinem Tod am Kreuz alles bezahlt aus Liebe zu uns. Und diese göttliche Liebe darf nun in unseren Herzen Raum einnehmen und nach außen wirksam werden.

Jesus selbst hat uns die größte und kostbarste Liebe geschenkt. Er hat mit seinem Tod am Kreuz alles bezahlt aus Liebe zu uns.

Dabei geht es nicht um die Liebe, die wir unseren Freunden gegenüber zeigen, wenn wir sie zu einem leckeren Abendessen einladen und ihnen ein gutes Stück Fleisch grillen, oder um die Liebe, die uns selbst etwas „bringt“. Es geht um die selbstlose Liebe, die auch in Schwierigkeiten noch bestehen bleibt. Jesus hat uns diese Liebe konsequent vorgelebt und ist für sie bis in den Tod gegangen. Wenn wir tatsächlich Jesus ähnlicher werden möchten, dann wird es Zeit, manchmal über unseren eigenen Schatten zu springen. Je schneller wir erkennen, wie uns das Festhalten an unserem Ärger, unserer Wut, Enttäuschung oder ungerechten Behandlung keinen Schritt weiterbringt, desto schneller werden wir all das Negative in unserem Leben zu Jesus bringen. Im Matthäusevangelium sagt er:

„Kommt alle her zu mir, die ihr euch abmüht und unter eurer Last leidet! Ich werde euch Frieden geben“ (Matthäus 11,28).

Jesus wünscht sich so sehr, uns in jeder Lebensphase zu begegnen. Genau dann, wenn Menschen uns Unrecht tun oder die Lebensumstände einfach unfair erscheinen, brauchen wir diese Begegnung mit dem Höchsten auch so dringend.

Was uns als Paar noch geholfen hat, ist, einen Konflikt mit einer Vertrauensperson zu reflektieren. Wenn immer wir in größeren Schwierigkeiten sind, suchen wir sofort das Gespräch mit dieser Person. Eine kurze Auszeit hilft uns dann, das Geschehene von außen zu betrachten. Danach können wir es ganz bewusst in Gottes Hand legen. Jesus spricht uns ja diese Einladung aus, zu ihm zu kommen. Es wäre ziemlich ungeschickt, wenn wir diese Einladung nicht annehmen würden. In seiner Gegenwart können unsere Herzen zur Ruhe kommen und eine große Gelassenheit kann sich in unserem Innern ausbreiten – selbst in Konfliktsituationen.

Jesus selbst hat sich immer wieder in die Stille zurückgezogen. Er wanderte in diesen Momenten oft auf einen Berg, um dort zu beten. Als wir vor zwei Jahren am See Genezareth waren, wurde mir diese Begebenheit ganz neu bewusst. Rund um den See befinden sich tatsächlich höhere Berge, als ich erwartet hatte. Es handelte sich damals also nicht einfach nur um eine kleine Anhöhe, sondern Jesus ist tatsächlich auf einen Berg gestiegen. Mit seiner Wanderung konnte er den Stress abbauen und oben angekommen in Ruhe mit seinem Vater sprechen.

Wenn Jesus schon diesen bewussten Rückzug brauchte, wie viel mehr brauchen wir die Begegnung mit Gott, um zur Ruhe zu kommen und wieder Frieden zu finden.

Offenheit statt Druck

Leider neigen auch Christen dazu, in Drucksituationen nicht zu Jesus zu gehen, stattdessen verbreiten sie ihren Unmut überall in ihrem Umfeld. Sie beklagen sich bei ihren Nachbarn, bei ihren Freunden und Verwandten, anstatt ihre Sorgen nur mit einer Person des Vertrauens und mit Jesus zu besprechen.

Wenn wir unseren Ärger und unsere Wut überall rumerzählen, kann es richtig anstrengend werden. Aus diesem Grund sagt Jesus ja auch: „Kommt *zu mir!*" Er hat einen besseren Plan für dein Leben. Er lädt dich in seine Gegenwart ein, damit du wieder Schritt für Schritt in die Freiheit geführt werden kannst. Bei Jesus finden wir echte Ruhe und tiefen Frieden.

Ich selbst wurde in meinem Leben immer wieder stark herausgefordert, anderen Menschen zu vergeben. Und heute kann ich fröhlich aufschreiben, dass ich dies gerne tue. Aber alle Bitterkeit und alle meine Verletzungen konnte ich nur dank der Liebe Gottes wirklich loslassen und durch seine endlose Kraft wieder vollständigen Frieden in der jeweiligen Situation finden. Die Begegnung mit Jesus hat mir immer wieder geholfen, den Frust loszulassen und mein Herz wieder mit der Liebe Gottes zu durchtränken und dann ein ehrliches Gespräch mit den entsprechenden Personen zu führen.

Doch wenn unser Gegenüber nicht für ein Gespräch offen ist, dann müssen wir es loslassen und können die Menschen nur noch segnen. Die Bibel sagt uns:

„Lasst ab und erkennt, dass ich Gott bin" (Psalm 46,11; Elberfelder).

Manche Dinge müssen wir einfach so stehen lassen und an Gott abgeben. Wenn wir das in unseren Herzen begreifen, dann werden wir nicht mehr unnötig um unser Recht kämpfen und stundenlang diskutieren, sondern lernen, manche Meinungen auch einfach stehen zu lassen, um dann gelassen und fröhlich unseren Weg weiterzugehen. In der Bibel lesen wir:

„Und wo der Geist des Herrn ist, da ist Freiheit" (2. Korinther 3,17).

Der Geist Gottes ist die größte Kraft, die wir in den Situationen, in denen uns Unrecht getan wird, einsetzen können. Wenn wir noch mitten in der Konfliktsituation stecken, dann kommt sie uns vor wie ein großer Berg. Aber wir dürfen wissen, dass unser Gott viel größer ist als jeder Berg. Und er kann viel mehr tun, als wir uns vorstellen können. Gott hat immer noch andere Wege, von denen wir noch gar nichts wissen.

Wenn wir bereit werden, das Unrecht, das uns widerfahren ist, zu Jesus zu bringen und seine Liebe in dieser Situation neu zu empfangen, dann wird der Geist Gottes die Situation in seiner vollen Stärke zum Positiven wenden. Mit Gottes Geist können wir jede Krise siegreich überwinden.

Wir haben als Familie schon einiges an Leid und Herausforderungen erlebt. Wir sind seit über 20 Jahren als Pastoren tätig und merken, wie die Erwartungen mancher Christen stetig steigen. Sie möchten am liebsten ihr individuelles Kirchenprogramm und das sollte möglichst an das private Freizeitprogramm sowie an die eigenen Wünsche angepasst werden. Bei solchen Ansprüchen kann man als Pastor nur Fehler machen und manche Gemeindeleiter stehen deshalb oft im Kreuzfeuer.

Wir kennen viele Freunde, die frisch-fröhlich ihren Dienst als Pastoren begonnen haben, doch heute lieber nichts mehr von der Arbeit in der Kirche wissen wollen, weil sie sich diesem Druck der anderen Christen nicht mehr aussetzen wollen. Ja, wir Menschen können uns auch gegenseitig massiv unter Druck setzen.

Aber Druck ist niemals das, was unser Bester für unser Leben geplant hat. Jesus kam zu uns, damit wir mit seiner Hilfe den Druck reduzieren können. Die Bereitschaft zur Vergebung ist dazu ein wichtiger Schlüssel. Unsere Gefühle wollen uns jedoch immer wieder daran hindern, anderen Menschen zu vergeben. Selbst wenn wir die Vergebung bereits ausgesprochen haben, möchte uns das Böse immer wieder an die alten Verletzungen erinnern.

Ich selbst habe jahrelang diese negative Stimme in meinem Kopf gehört; sie hat mich manchmal richtig verfolgt. Aber in der Vergebung, die Jesus meint, gibt es keine nachtragenden Gefühle und keine fortwährende Anklage. Wenn Jesus vergibt, dann vergibt er restlos.

Genauso dürfen auch wir unseren Mitmenschen restlos vergeben, indem wir wirklich loslassen.

Oft erzählen uns Menschen, dass sie einer Person nicht vergeben können, weil das Unrecht einfach zu schwer sei. Und manches Unrecht, das uns widerfahren ist, ist tatsächlich eine Katastrophe, aber wenn wir in Freiheit und im Sieg leben wollen, dann gibt es nur die Lösung mit dem Loslassen.

Jesus bezeichnet uns Christen an anderer Stelle als „das Salz der Erde" oder auch als „das Licht der Welt" (vgl. Matthäus 5,13-16). Unsere Berufung ist es, diese Welt zu „würzen" und mit dem Licht Gottes zu erhellen. Wenn wir unseren Mitmenschen jedoch nicht vergeben und somit in Unfrieden leben, wird unsere „Strahlkraft als Christen" mit jedem Tag ein bisschen weniger. Jesus sagt:

„Man zündet ja keine Öllampe an und stellt sie unter einen Eimer" (Matthäus 5,15).

Gott wünscht sich Christen, die sein Licht Gottes in dieser Welt verbreiten. Wir sind Botschafter Gottes und haben einen Auftrag. Wenn wir aber mit einem großen Paket an nicht vergebener Schuld herumlaufen, dann wird unser Licht nicht leuchten können. Menschen, die das erfahrene Unrecht nicht bei Gott abgeben, lassen eine bittere Wurzel in ihrem Leben wachsen. Und je tiefer sich diese Wurzel in unser Herz graben kann, desto mehr Ärger, Wut, Uneinigkeit, Feindseligkeit, Beziehungsunfähigkeit und Frust werden sich in unserem Leben sichtbar machen. Wir lesen in der Bibel:

„Dagegen bringt der Geist Gottes in unserem Leben nur Gutes hervor: Liebe, Freude und Frieden; Geduld, Freundlichkeit und Güte; Treue, Nachsicht und Selbstbeherrschung" (Galater 5,22).

Wenn wir ein gelingendes Leben gemäß dem Vorbild von Jesus führen möchten, dann dürfen wir diesen Bibelvers ins Zentrum unseres Lebens stellen. Wir können uns dazu entscheiden, diese Früchte in uns wachsen zu lassen und der bitteren Wurzel keinen Raum zu geben. Je mehr wir dann lernen, aus Liebe zu handeln und über die Fehler von anderen hinwegzusehen, desto mehr werden wir in den Fußspuren von Jesus laufen. Jesus hat niemals aufgegeben, blieb mit den Menschen im Gespräch und sprach immer wieder Vergebung aus. Er sagte auch:

„Was du auf der Erde binden wirst, das soll auch im Himmel gebunden sein. Und was du auf der Erde lösen wirst, das soll auch im Himmel gelöst sein" (Matthäus 16,19).

Wenn wir eine Sache im Namen Jesu lösen, dann ist sie wirklich gelöst und hat kein Recht mehr, uns einzuengen. Unsere Gefühle und Gedanken sagen uns jedoch so oft etwas anderes. Vielleicht hörst du auch manchmal eine innere Stimme, die dich selbst oder andere immer wieder anklagt. Wir sollten uns darüber bewusst werden, dass nicht jede Stimme, die wir hören, von Gott kommt. Gott hat gute Gedanken über dein Leben und er hat seinen Sohn Jesus gesendet, damit du vollkommene Freiheit von deinen Fehlern haben kannst. Wir lesen in der Bibel:

Wenn wir eine Sache im Namen Jesu lösen, dann ist sie wirklich gelöst und hat kein Recht mehr, uns einzuengen.

„Was ich dir jetzt rate, ist wichtiger als alles andere: Achte auf deine Gedanken und Gefühle, denn sie beeinflussen dein ganzes Leben" (Sprüche 4,23).

Erinnerst du dich an das Bild mit der Orange und der Zitrone? Es ist so wichtig, dass unsere Gedanken mit der Liebe Gottes gefüllt sind. Wenn wir wissen, wer wir in Christus sind, und wie restlos Jesus uns vergeben hat, dann wird auch wenn wir „ausgepresst" werden, kein saurer Saft aus unserem Inneren fließen.

Jesus ist gekommen, um uns dabei zu helfen. Er möchte uns Gutes tun und jeden Tag mit seiner Gnade beschenken. So fülle dein Herz mit Gottes Wort und lese darin, wie groß Gottes Gnade wirklich ist.

Lass dich nicht von negativen Stimmen irritieren, sondern orientiere dich jeden Tag an der unlimitierten Liebe und Vergebungsbereitschaft Gottes. Jesus sagt selbst:

„Ich bin der Weg, ich bin die Wahrheit und ich bin das Leben!" (Johannes 14,6).

Jesus ist der Weg in die Freiheit und er bringt dir ein gutes Leben. Je schneller wir aufhören selber einen Weg zum Frieden zu finden und uns in die Gegenwart Gottes begeben, desto schneller werden wir echten und tiefen Frieden finden. Die Bibel lehrt uns:

„Keine Waffe, die man gegen mich schmiedet, wird etwas ausrichten" (Jesaja 54,17).

Gott hat immer den größeren Überblick über dein Leben. Deine Feinde und Probleme sind in den Augen Gottes eine kleine Nummer und haben im Gegensatz zu deinem großen Gott nicht das Sagen. Wenn wir Menschen kennenlernen, die auch in herausfordernden Zeiten an Gott festhalten, können wir durch sie erkennen, dass Gott wirklich treu ist und felsenfest zu seinen Leuten steht. Manchmal kann eine Situation gefühlt in einer Sackgasse enden, aber Gott hat immer wieder eine Möglichkeit, um eine neue Tür zu öffnen. Halte dich an Jesus fest und vertraue seinen Zusagen. Die Bibel lehrt uns:

„Mitten in Leid triumphieren wir über all dies durch Christus, der uns so geliebt hat" (Römer 8,37).

Selbst wenn wir mitten in Herausforderungen stehen, kennen wir den Besten, der uns jederzeit beisteht. Jesus nimmt dich an der Hand und führt dich siegreich über alle Höhen und Tiefen auf deinem Lebensweg. Du musst seine Hand nur ergreifen.

KAPITEL 8:

VERSUCHUNGEN WIDERSTEHEN – ERKENNTNISSE FREISETZEN

Und führe uns nicht in Versuchung, sondern erlöse uns von dem Bösen …

Als wir vor einigen Jahren als Familie im Sommer ein paar Tage Urlaub machen wollten, dachten unsere Kinder, es wäre toll, für drei Tage ans Meer nach Frankreich zu fahren. Sie lernten damals fleißig Französisch in der Schule und hatten schon einiges über Frankreich und die Côte d'Azur erfahren. So machten wir uns kurzfristig auf die Suche nach einer Bleibe. Wie schon so oft konnte Dan im Internet ein supergünstiges Angebot finden und buchte ein kleines Appartement für zwei Nächte in Marseille. So fuhren wir kurze Zeit später mit unserem vollgepackten Auto in Richtung Frankreich. Die Fahrt war wunderschön und wir saßen alle total entspannt im Auto. Endlich kamen wir in Marseille an. Einerseits faszinierte uns der Anblick der Küstenstadt mit ihren hohen Häusern, andererseits bedrückte uns die viele Armut, die wir sahen.

Als unser Navigationssystem uns dann in die Straße des Appartements führte, erwartete uns eine große Überraschung. Die gesuchte Hausnummer gab es nicht! Dort stand weder ein Wohnhaus noch sonst ein Gebäude. Selbstverständlich waren wir ziemlich irritiert und riefen den Vermieter an. Obwohl mein Mann gut Französisch spricht, konnte er nicht verstehen, was der Mann am anderen Ende der Leitung zu sagen hatte. Auf jeden Fall gab es keine Übernachtungsmöglichkeit für uns. Wir waren alle sehr frustriert und die schöne Côte d'Azur verwandelte sich in einen Ort der Enttäuschung. Müde und hungrig mussten wir uns auf den Weg machen, um eine neue Übernachtungsmöglichkeit zu finden. Nach einem kurzen Gebet führte uns Gott einige Zeit später jedoch zu einem wunderschönen Campingplatz direkt am Meer, wo wir einen kleinen Caravan mieten konnten. Die Ferien endeten dann doch noch mit einem tollen Strandurlaub.

Damals ließen wir uns von dem günstigen Preis des Appartements verführen. Wir waren glücklich, weil wir dachten, wir hätten das beste Angebot zum günstigsten Preis gefunden. Doch dahinter steckte eine Falle, die wir nicht erkannt hatten. Wir fuhren zwar mit offenen Augen nach Frankreich, bemerkten dabei jedoch nicht, wie blind wir gegenüber diesem verführerischen Angebot gewesen waren.

In unserem Leben gibt es immer wieder Situationen, in denen wir vor schweren Entscheidungen stehen oder in denen uns Menschen mit ihren Aussagen herausfordern. In beiden Fällen stehen wir in der Gefahr, uns in die Irre führen zu lassen. Gott möchte, dass wir uns in jeder Situation für den guten Weg entscheiden. Doch genau das ist nicht immer so einfach. Deshalb lehrt uns Jesus zu beten:

„Und führe uns nicht in Versuchung, sondern erlöse uns von dem Bösen.“

Jesus fordert uns auf, im Gebet um den guten Weg zu ringen. Er ermutigt uns, das Böse zu umgehen und davon abzusehen. Das bezeichnet Jesus als Erlösung. Jesus weiß ganz genau: Wenn wir den richtigen Weg für unser Leben erkennen und in den vorbereiteten Wegen Got-

Jesus fordert uns auf, im Gebet um den guten Weg zu ringen.

tes laufen, wird uns das letztendlich in die Freiheit führen. Je mehr sich seine göttliche Erkenntnis und seine unermessliche Weisheit in unserem Leben breitmachen, desto mehr Vollmacht und Freiheit werden wir erleben.

Schauen wir nochmals an den Beginn des Lebens von Jesus zurück. Jesus wurde in Bethlehem in einem Stall geboren. Doch bereits kurz nach seiner Geburt war sein Leben bedroht. König Herodes wollte den kleinen Jungen umbringen, weil er keinen anderen König neben sich dulden konnte. Aber Gott hat seine Hand über dem Weltgeschehen und deshalb gab er sofort eine Warnung an Josef ab. Wir lesen im Matthäusevangelium:

„Der Engel sagte: ‚Steh schnell auf und flieh mit dem Kind und seiner Mutter nach Ägypten. Bleibt so lange dort, bis ich dir etwas anderes sage'" (Matthäus 2,13).

Noch in derselben Nacht floh Josef mit Maria und dem kleinen Jesus nach Ägypten. Einige Zeit später kam der Engel wieder und gab die Anweisung, zurückzugehen, denn die Menschen, die das Kind umbringen wollten, waren gestorben. Uns fasziniert diese Geschichte, weil Josef einfach das machte, was Gott ihm gesagt hatte. Die jungen Eltern hätten sich von verschiedenen Stimmen irritieren lassen können: *Mit so einem kleinen Baby macht man keine so große Reise!* oder *Eine Frau muss sich nach der Geburt erst einmal erholen!*

Wenn wir für das Gute unterwegs sind, wird es immer Situationen oder Menschen geben, die uns Steine in den Weg legen werden. Dann stellt sich die große Frage, wie wir darauf reagieren. Wir können uns schnell irritieren und somit auch verführen lassen.

Maria und Josef haben richtig reagiert und den weiten Weg unter die Füße genommen. So konnte Jesus in Sicherheit gebracht werden. Das weise Handeln seiner Eltern hat ihm das Leben gerettet.

Versuchung? Nein, danke!

Wenn wir uns als Christen weiterentwickeln möchten, brauchen wir einen guten Umgang mit Versuchungen. Wir sind überzeugt, dass die größte Verführung in unserem Kopf stattfindet. Nicht die Schokolade im Regal ist das Problem, sondern unsere Gedanken, die uns in die Irre führen möchten. Wir sind überzeugt, dass wir in unseren Gedanken gemäß den Worten von Jesus „Erlösung" brauchen. Manchmal kann uns eine kleine Bemerkung von anderen Menschen in eine völlig falsche Richtung lenken und plötzlich tun wir Dinge, die wir eigentlich so nicht geplant haben.

Wenn wir das Leben von Jesus anschauen, gibt er uns tolle Anweisungen, wie wir nicht in die Falle der Versuchung tappen. Er selbst wurde in der Wüste von Satan versucht, und auch Menschen wollten ihm immer wieder eine Falle stellen. Als Jesus kurz vor seinem Tod im Garten Gethsemane weilte, kämpfte er mit den schwersten Gedanken seines Lebens. Er realisierte, dass er bald sterben würde und was dieser Todeskampf zu bedeuten hatte. Er bat seinen Vater, ihm dieses Leid zu ersparen, aber im selben Moment sagte Jesus auch:

„Aber nicht was ich will, sondern was du willst, soll geschehen!" (Matthäus 26,39b).

Hier kommen wir zu einem der wichtigsten Schlüssel für unser Leben, was das Thema „Versuchungen" betrifft. Jesus zeigt durch sein Verhalten, dass er wirklich das tun möchte, was sein Vater für ihn geplant hat. Er lässt sich in diesem Moment ganz in die Hand Gottes fallen und stellt sich unter seinen Willen – obwohl er wahrscheinlich am liebsten davongelaufen wäre oder sich irgendwo versteckt hätte. Er hielt an Gottes Plan fest und ging auf seinen vorbereiteten Wegen. Somit blieb Jesus standhaft und widerstand jeder Versuchung.

Stell dir vor, Jesus wäre den Weg des Kreuzes und der Auferstehung nicht gegangen und er hätte in diesem Garten einfach „Stopp!" gesagt. Was wäre aus uns geworden? Genau durch diesen schwierigen Weg hat Jesus den größten Sieg auf die Erde gebracht und uns Menschen die Erlösung geschenkt. Sein Handeln führt uns in die größte Freiheit, die wir uns vorstellen können. Dazu musste sich Jesus jedoch entscheiden, den richtigen Weg zu gehen und konsequent mit allen Hochs und Tiefs bis zum Schluss durchhalten.

Genauso ist es in unserem Leben. Unser Leben gleicht nicht immer einem Schlaraffenland und läuft nicht immer so, wie wir uns das vorstellen. Auch in einer christlichen Familie oder in einer Ehe herrscht nicht immer eitel Sonnenschein. Selbst wenn wir an Gott glauben und unser Bestes geben, können plötzlich Schwierigkeiten und Herausforderungen auf uns zukommen. Und genau dort kommt die Versuchung ins Spiel. Negative Gedanken, falsche Worte und schlechte Handlungen können die Folge sein. Gott stellt uns immer wieder in Lebenssituationen, in denen wir uns entscheiden können. Wir lesen in der Bibel:

„Nun müsst ihr euch entscheiden: ‚Wählt zwischen Segen und Fluch!'" (5. Mose 11,26).

Bei Gott ist alles freiwillig. Er hat uns den freien Willen geschenkt und wir Menschen können tun und lassen, was wir möchten. Es liegt in unserer Hand, den Weg des Segens oder eben einen anderen Pfad zu wählen. Wichtig ist dabei die Erkenntnis, dass wir uns entscheiden sollten. Wenn wir uns nämlich nicht für die eine oder andere Richtung entscheiden, dann werden jemand anders oder die Umstände für uns entscheiden. Dabei besteht die Gefahr, in einen Kreislauf des Negativen zu geraten und sich letztendlich nur noch um sich selbst zu drehen.

Bei Gott ist alles freiwillig. Es liegt in unserer Hand, den Weg des Segens oder eben einen anderen Pfad zu wählen.

Jesus möchte uns mit seinen Anweisungen jedoch immer in die Freiheit führen und unser Leben zum Aufblühen bringen. Ja, deine

Bestimmung ist es zu blühen und mit Vollmacht und Kraft zugerüstet zu werden. Der Segen Gottes soll jeden Tag in dein Leben fließen können. Damit wir das wirklich erleben, braucht es göttliche Erkenntnis. Jesus sagt uns:

„Bleibt zu jeder Zeit wachsam und betet, damit ihr all das durchstehen könnt, was auf euch zukommt" (Lukas 21,36).

Wachsam zu sein bedeutet, aufmerksam zu werden. Wenn wir gedankenlos in den Tag oder in ein Projekt hineinstolpern, werden wir früher oder später „aufgeweckt", weil uns Geschehnisse überraschen, mit denen wir nicht gerechnet haben. Auf unserem Lebensweg werden wir immer wieder in Situationen kommen, die wir nicht geplant haben. Dan und ich sagen manchmal zueinander: „Wenn wir gewusst hätten, was unser Familienleben alles mit sich bringt, wären wir nicht so entspannt in unsere Ehe gestartet." Manchmal ist es jedoch besser, wenn wir gar nicht wissen, was noch alles auf uns zukommen wird.

Jesus weist uns darauf hin, wachsam zu sein. Je mehr wir uns bewusst sind, dass es in jedem Leben Versuchungen gibt, desto mehr werden wir uns ausrüsten, um sie in göttlicher Kraft erfolgreich überwinden zu können. Weil wir gerade dann mit Versuchungen rechnen müssen, wenn wir die nächsten Schritte im Glauben wagen wollen, ist es so wichtig zu beten, in der Gegenwart Gottes Schutz zu suchen und um seine Kraft zu bitten. Jesus spricht in dem oben genannten Vers vom „durchstehen". Das Leben ist manchmal wirklich ein Durchstehen und Ausharren.

Doch genau in diesen Situationen möchte Gott uns beistehen. Jesus selbst hat sich immer wieder an einen einsamen Ort zurückgezogen und dort gebetet (vgl. Markus 1,13; Lukas 9,18). Aus diesen Zeiten hat er seine Stärke gezogen und sich für seine Aufgaben gerüstet. Wir lesen von Jesus im Lukasevangelium:

„Das Kind wuchs gesund heran, erfüllt mit göttlicher Weisheit, und Gottes Segen ruht sichtbar auf ihm" (Lukas 2,40).

Gebet und Weisheit als wirksame Waffe

Wenn wir Jesus ähnlicher werden möchten, dürfen wir uns auf den Weg seiner Segensspuren machen. Und genau dazu brauchen wir göttliche Weisheit in jeder Lebenssituation.

Wir wünschen dir, dass du heute mehr Erkenntnis, mehr Weisheit und mehr Kraft durch Jesus Christus erfährst und so stark wirst, allen Versuchungen zu widerstehen. Gott wünscht sich Menschen, die ihre Schwächen erkennen und merken, wie sehr sie ihn brauchen. Er sehnt sich nach Christen, die sich eingestehen, dass sie Versuchungen ausgesetzt sind, und deshalb seine Hilfe benötigen. Die Bibel lehrt uns deshalb, jederzeit im Gebet mit Gott verbunden zu sein. Paulus sagt uns dazu:

„Betet ohne Unterlass" (1. Timotheus 5,17; Lutherbibel).

Was bedeutet das genau? Sollen wir nun alle unsere Tätigkeiten aufgeben und uns in ein Kloster zurückziehen, um „nur" noch zu beten? Uns persönlich hilft es, jeden Morgen als erste Tätigkeit in die Gegenwart Gottes zu kommen. Wir knien vor Gott nieder und legen den Tag in seine Hände. Wir bitten bewusst um seine Weisheit, seine Erkenntnis sowie um den Schutz vor Versuchungen. Denn ohne ihn sind wir so schwach! Wir brauchen die Gunst Gottes und seine Leitung. Nur in seiner Stärke können wir die Welt kraftvoll zum Positiven verändern. So starten wir den Tag mit einem Treffen mit Gott und danach beziehen wir ihn ganz bewusst in unseren Alltag mit ein.

Sobald ich mit dem Auto unterwegs bin, spreche ich automatisch mit Jesus. Ich habe es mir antrainiert, in ständiger Verbindung mit ihm zu sein. Auch während eines Gesprächs bleibe ich mit Gott verbunden. Ich „empfange" Signale oder Anweisungen von ihm, die mir Sicherheit in der Situation geben. Somit hört das Gebet bei Dan und mir nicht einfach nach unserer Gebetszeit am Morgen wieder auf.

Alles, was wir tun, tun wir aus Gottes Kraft heraus.

Wenn wir die Geschichten der Bibel genauer anschauen, können wir bei den Glaubenshelden eine Gemeinsamkeit entdecken. Sie waren alle mit Gott verbunden und lebten konsequent ihren Glauben. Auch die Menschen damals waren Versuchungen ausgesetzt, aber sie überwanden die Herausforderungen durch eine tiefe Verbindung mit Gott.

Wenn wir zum Beispiel das Leben des Propheten Daniel anschauen, können wir sehen, wie ihm andere Menschen Steine in den Weg legten. Hohe Beamte am Königshof wollten ihn umbringen und baten deshalb König Darius, den Herrscher von Babylonien, ein neues Gesetz zu erstellen. Dieses Edikt erklärte, dass niemand zu einem anderen Gott als zu König Darius beten durfte. Wer dieses Gesetz nicht einhielt, sollte den Löwen zum Fraß vorgeworfen werden (vgl. Daniel 6).

Daniel jedoch war ein Mann des Gebets. Er betete dreimal pro Tag an seinem Fenster und blieb seinem Gott trotz dieses neuen Gesetzes treu. Bestimmt stand auch er in der Versuchung, den Glauben an Gott zu quittieren oder davonzulaufen. Aber er hielt an seinem Gebet fest – und wurde deshalb in die Grube der Löwen geworfen.

Ganz ehrlich, hättest du dieser Versuchung widerstehen können? Ich bin mir nicht sicher, wie ich reagiert hätte. Das große Gottvertrauen von Daniel wurde jedenfalls reich belohnt. Gott verschloss den Rachen der Löwen und Daniel konnte überleben. Der König verkündete daraufhin, dass von nun an nur noch ein Gott angebetet werden sollte – der wahre Gott Daniels!

Wir sind überzeugt: Gebet ist der Schlüssel, um in Versuchungen standhaft zu bleiben. Je schneller du lernst, in jeder Situation zu beten, desto kraftvoller wirst du Versuchungen in deinem Leben widerstehen können.

Konkret kann es helfen, in kritischen Situationen einfach kurz den Raum zu verlassen und ins Badezimmer zu gehen, um dort in Ruhe ein Gebet zu sprechen. Gerade in Konfliktsituationen, wenn der Ärger einem bis zum Hals steht, ist es sinnvoll, sich für einen Moment auszuklinken und im Gebet wieder Ruhe zu finden. Das Gebet hat eine so starke Kraft, dass jede Schwierigkeit siegreich angegangen werden kann. Jesus verspricht uns, uns in jeder Lebenslage zu helfen. Er sagt von sich selbst:

„Ich bin das Licht für die Welt. Wer mir nachfolgt, der wird nicht in der Dunkelheit umherirren, sondern er hat das Licht, das ihn zum Leben führt" (Johannes 8,12).

Wenn wir in Versuchung geraten, ist es, als würde es dunkel in unserem Leben. Ein „Schleier" fällt auf die Situation und wir können plötzlich nicht mehr klar sehen. Erkannte Wahrheiten werden in diesem Moment von Dunkelheit überschattet und wir stehen in der Gefahr, den falschen Weg zu gehen. Aus diesem Grund will Jesus unser Licht sein. Und dieses Licht möchte tatsächlich täglich in unser Leben und jede Alltagssituation hineinleuchten. Da, wo Licht ist, muss die Dunkelheit weichen. In dem oben genannten Bibelvers lesen wir, wie Jesus in die Freiheit führen möchte. Jesus möchte niemals das Leben ersticken oder eindämmen, er schafft Leben und möchte, dass deines gelingt!

Da, wo Licht ist, muss die Dunkelheit weichen.

So ermutigen wir dich, das Licht von Jesus jeden Tag in dein Leben scheinen zu lassen. Je mehr sein Licht in dein Leben hineinbrechen darf, desto stärker wirst du, um jeder Versuchung in der Kraft Gottes widerstehen zu können. Wer sich übernatürliche Weisheit bei Gott „abholt", der wird die richtigen Entscheidungen zum richtigen Zeitpunkt treffen können.

K(l)eine Alltagssünden?

Eine der großen Versuchungen, denen Christen oftmals nicht widerstehen können, ist die üble Nachrede. Insbesondere in christlichen Gemeinschaften wird diese Versuchung oft ziemlich unterschätzt und Menschen richten mit ihren giftigen Worten hinter dem Rücken der anderen großen Schaden an. Manchmal werden diese Vergehen gerechtfertigt und Menschen, die gegen üble Nachrede aufstehen, verurteilt. Doch Jesus spricht Klartext zu diesem Thema:

„Wenn dein Bruder oder deine Schwester Schuld auf sich geladen hat, dann geh zu dieser Person hin und stell sie unter vier Augen zur Rede" (Matthäus 18,15).

Jeder Christ steht in der großen Versuchung, diese Anweisung Jesu nicht zu befolgen. Anstatt die betroffene Person direkt anzusprechen, redet man viel lieber mit anderen Menschen über die Sache. Es ist einfacher, eine gute Freundin anzurufen und mit ihr über die Situation zu sprechen, anstatt den Mut aufzubringen, gegenüber dem Betroffenen die Dinge beim Namen zu nennen. Doch genau dieses Verhalten ist Gift für jede Gemeinschaft.

Ein guter Freund hat einmal eine tolle Geschichte erzählt: Ein junger Mann ging durch eine Stadt. In den Händen hielt er ein geöffnetes Kissen, sodass alle Federn in den Straßen verteilt wurden. Danach sollte der Mann im Auftrag einer anderen Person die Federn wieder einsammeln. Doch dies war nicht mehr möglich, denn der Wind hatte die Federn bereits nach wenigen Sekunden in alle Himmelsrichtungen verteilt.

Genauso ist es mit der üblen Nachrede. Wenn wir hinter dem Rücken von anderen über sie sprechen, dann gleichen wir diesem Mann. Wir werden nie mehr in der Lage sein, unsere verkehrten Worte wieder „einzusammeln". Das hat eine zerstörerische Kraft. Viele Christen sind sich dieser Versuchung, in die sie das Böse führen will, nicht bewusst. Jesus fordert uns auf, Konflikte direkt unter vier Augen anzusprechen. Doch das ist nicht einfach. Deshalb ist das „Meeting mit Gott“ bereits am Morgen so wichtig. Wir brauchen den Schutz und die Hilfe von oben, um einen solchen Lebensstil zu führen. Kein Mensch kann aus eigener Kraft dieser Versuchung widerstehen.

Als Paar haben wir entdeckt, wie umkämpft ein solcher Lebensstil ist. Je konsequenter wir beide nach diesen Anweisungen von Jesus leben, desto mehr werden wir in diesem Punkt angegriffen. Paulus sagt uns:

„Lasst die Sonne nicht untergehen, ohne dass ihr einander vergeben habt“ (Epheser 4,26).

Selbstverständlich kann man nicht jede Auseinandersetzung noch am selben Tag klären. Manchmal braucht es mehr Zeit, um die Dinge wieder in Ordnung zu bringen. Aber die innere Bereitschaft, sich auf den Weg der Versöhnung zu machen, sollte noch am selben Tag beginnen.

Manche Christen zeigen diese Bereitschaft leider nicht. Am Anfang unserer Ehe habe ich es genauso gelebt. Ich war nicht bereit, meine Anschuldigungen so schnell loszulassen, bis ich gemerkt habe, dass ich auf diese Weise Jesus nicht ähnlicher werden kann. Jesus ist ein Freund der Sünder und er ist bereit, jederzeit zu vergeben. Er braucht keine Zeit, um erst mal darüber nachzudenken oder „Gras darüber wachsen zu lassen“. Er vergibt Zachäus sofort, er vergibt der Frau am Brunnen sofort und selbst am Kreuz vergibt er den Römern sofort. Er ist für eine offene und ehrliche Kommunikation. Seitdem ich gelernt habe, offen zu kommunizieren und die Probleme noch vor Tagesende aus der Welt zu schaffen, spüre ich eine große Freiheit und eine Kraft in meinem Leben.

Was wir mit Menschen direkt angesprochen haben, das belastet uns nicht mehr, und wir lassen uns davon nicht in Versuchung führen. Und was wir nicht direkt klären konnten, legen Dan und ich abends bewusst unters Kreuz und lassen es los. Aus diesem Grund bekommen wir von Gott die Fähigkeit geschenkt, jedem Menschen wieder in die Augen zu sehen. Aus eigener Kraft würden wir das nicht schaffen. Wer seine Lasten und Sorgen jeden Abend vor die Füße Jesu legt, der wird in Freiheit und Freude dem nächsten Tag entgegensehen können. Jesus sagt uns im Lukasevangelium:

„Ein Staat, in dem verschiedene Herrscher um die Macht kämpfen, steht vor dem Untergang; und eine Familie, die ständig in Zank und Streit lebt, bricht auseinander" (Lukas 11,17).

An dieser Stelle fällt uns das Wort „ständig" auf. Dieser Vers sagt also nicht, dass wir ohne zu streiten auskommen werden. Im Gegenteil: Der Streit kann uns helfen, die verschiedenen Ansichten auf den Tisch zu legen und die unterschiedlichen Standpunkte zu erkennen. Auch in unserer Familie fliegen manchmal die Fetzen oder eine Tür wird zugeknallt. Es ist wichtig, den Emotionen und der Wut auch mal Raum zu geben. Aber wenn dem kein Ende gesetzt wird, dann kann es zu einem Bruch kommen.

Jesus hat mit den Schriftgelehrten auch Auseinandersetzungen geführt. Er hat diskutiert und einmal sogar im Tempel die Tische umgekippt, weil er wütend war. Wenn du deine Wut nicht aussprichst, dann gerätst du in eine andere Versuchung. Nämlich die, alles in dich hineinzufressen. Aber irgendwann wird die Bombe platzen, weil in dir drin kein Platz mehr ist. Angestaute Wut führt zur Bitterkeit und endet in einem Desaster. Deshalb ist es so wichtig, jeglichen Ärger und Frust am richtigen Ort und zur richtigen Zeit anzusprechen. Nur mit dieser Haltung können Konflikte erfolgreich gelöst werden. Vielleicht hast du Konflikte in deinem Leben, die du gerne ansprechen möchtest, aber du traust dich nicht oder du weißt nicht, wie du die Sache angehen könntest. Auch dazu finden wir wertvolle Anweisungen von Jesus. Er sagt uns im Matthäusevangelium:

„Denn zur rechten Zeit wird Gott euch das rechte Wort geben" (Matthäus 10,19b).

Auch hier können wir wieder entdecken, dass wir es eben nicht aus eigener Leistung schaffen müssen. Gott hat viel mehr Hilfe für uns bereit. Wer lernt, selbst weniger in die Hand zu nehmen, und Gott alles überlässt, der wird Gottes Kraft in neuen Dimensionen erleben. Gott verlangt von dir nicht, einen Konflikt selbst lösen zu können. Du hast die Möglichkeit, Gottes Gegenwart zu suchen und ihn um göttliche Weisheit sowie die richtigen Worte zu bitten.

Wer lernt, selbst weniger in die Hand zu nehmen, und Gott alles überlässt, der wird Gottes Kraft in neuen Dimensionen erleben.

Gott möchte dich in allem, was du tust, leiten. Er möchte dir seine Worte in deinen Mund legen. Genau das hat er bereits im Alten Testament zu seinen Propheten gesagt. Jeremia zum Beispiel konnte nicht gut reden, aber Gott hat ihm die Worte in seinen Mund gelegt. Genauso möchte Gott seine Worte heute in deinen Mund legen. Deshalb: Wenn du eine Schwierigkeit ansprechen musst, dann tue dies niemals aus deiner eigenen Energie und Weisheit heraus. Hole dir Kraft bei Gott und lass ihn das Gespräch mit göttlicher Liebe durchtränken.

Wir können so schnell in die Versuchung geraten, unser Leben aus eigener Kraft heraus zu meistern, unsere eigenen Worte zu verwenden oder aus einem Leistungsdenken heraus zu handeln. Gott braucht unsere Leistung nicht, er möchte Menschen, die ihm vertrauen und auf seine Kraft und Weisheit bauen. Jesus erzählt uns die Geschichte vom Hausbau:

„Wer nun auf das hört, was ich gesagt habe, und danach handelt, der ist klug. Man kann ihn mit einem Mann vergleichen, der sein Haus auf felsigen Grund baut" (Matthäus 7,24).

Er fordert uns an dieser Stelle auf, nicht nur auf seine Worte zu hören, sondern sie auch umzusetzen. Alles, was wir von ihm gehört haben, dürfen wir in unser Leben integrieren. Wir können viel Wissen anhäufen, aber solange wir das Gelernte nicht in die Tat umsetzen, wird es niemandem dienlich sein. Wenn wir jedoch anfangen, unsere neuen Erkenntnisse auch zu leben, folgen wir wirklich den Fußspuren von Jesus.

Ein Blick hinter die Kulissen

Auch Paulus fordert uns Christen auf, das Richtige zu tun. Dabei geht es um eine Handlung, etwas, das wir ausführen. In der Bibel lesen wir dazu:

„Bemüh dich vielmehr mit aller Kraft darum, das Richtige zu tun, Gott zu dienen, ihm zu vertrauen und deine Mitmenschen von ganzem Herzen zu lieben. Begegne ihnen mit Geduld und Freundlichkeit"(1. Timotheus 6,11).

„Mit aller Kraft" bedeutet, sich wirklich darauf zu fokussieren und sich nach einem neuen Lebensstil auszustrecken. Wenn wir bereit sind, konsequent den Versuchungen zu widerstehen, dann werden wir uns in jeder Lebenslage daran erinnern, die Weisheit bei Gott zu suchen und von ihm empfangen.

Je länger wir als Paar im Dienst für Gott unterwegs sind, desto mehr wird uns bewusst, was für ein kostbarer Schatz die göttliche Weisheit und Führung in unserem Leben ist. Für jede Lebenslage hat Gott den besten Rat, damit wir erfolgreich und sicher in die Zukunft gehen können. Doch oftmals sind die Wegweisungen Gottes verborgen und es braucht Zeit, um sie zu erkennen. Aber eines steht fest: Gott *will* dir Weisheit schenken. Wir lesen in der Bibel:

„Ihn, den Gott unseres Herrn Jesus Christus, den Vater, dem alle Herrlichkeit gehört, bitte ich darum, euch durch seinen Geist Weisheit und Einblick zu geben, so dass ihr ihn und seinen Plan immer besser erkennt" (Epheser 1,17).

Gott möchte uns als Christen Erkenntnisse schenken. Das bedeutet, wir dürfen manchmal „hinter die Kulissen schauen" und eine Ahnung von etwas bekommen, das noch nicht sichtbar ist. Dies soll geschehen, um Stück für Stück im Glauben zu wachsen. Christsein ist ein Prozess, der sich jeden Tag weiterentwickeln darf. Und wer sich für diese Weiterentwicklung entscheidet, der wird früher oder später Gottes Wegweisung erkennen. Manchmal braucht es Zeit, aber Gott wird immer zu seinem Ziel kommen. Er spricht zu uns durch bestimmte Bibelverse, gute Gedanken, durch andere Menschen, manchmal auch durch Träume oder auch durch ein Bild vor dem inneren Auge.

Als unsere Kinder noch klein waren, wohnten wir an einer lauten Straße. Immer, wenn ich von unserem Haus aus auf die gegenüberliegende Seite des Dorfes – an den sogenannten Sonnenhang – schaute, wurde mein Herz traurig. Ich stand in der Versuchung, auf all die Menschen, die dort wohnen durften, eifersüchtig zu werden. Ich betete zu Gott und bat ihn um eine Wohnmöglichkeit am Sonnenhang.

Eines Tages während des Gebets sah ich plötzlich ein dreieckiges Fenster vor meinem inneren Auge und hörte eine Stimme in meinem Herzen: „Schaue heute ins Internet!“ So entdeckte ich kurze Zeit später ein zum Vermieten ausgeschriebenes Haus am Sonnenhang. Als wir dann einen Besichtigungstermin vereinbarten, erzählte uns der Vermieter, dass er dieses Haus genau an diesem Tag ins Internet gestellt hatte.

Schon am nächsten Tag konnten wir das Haus ansehen – und im obersten Geschoss befand sich das große dreieckige Fenster, das ich vor meinem inneren Auge gesehen hatte! Kein Wunder, dass wir drei Monate später in dieses Haus einziehen konnten. Gott hatte es mir im Voraus gezeigt, es durch das Fenster bestätigt und dann den Weg für den Umzug geebnet.

Gott fordert uns also nicht nur auf, unseren täglichen Versuchungen zu widerstehen, sondern er gibt uns auch die wunderbare Möglichkeit, Einsicht in seine Pläne zu bekommen. Je mehr wir Gottes Stimme kennen- und verstehen lernen, desto mehr werden wir die guten Weisungen für unser Leben entdecken. Die Bibel spricht von einer wertvollen Perle, die Gott uns anvertraut:

„Selbst die kostbarsten Perlen verblassen gegenüber dem Wert der Einsicht, sie übertrifft alles, was man sich erträumt" (Sprüche 3,15).

So ermutigen wir dich heute, den Kontakt mit Gott zu pflegen. Erinnere dich in jeder Lebenslage an die Möglichkeit „der Weisung von oben". Gott ist in jeder Sekunde an unserer Seite und bereit, uns wertvolle Hinweise zu geben. Selbst dann, wenn im Leben alles zerbricht und wir den Eindruck haben, alles zu verlieren, haben wir immer noch die kostbare Gottesbeziehung. Nichts kann uns trennen von der Liebe Gottes und niemand kann uns aus seiner Hand reißen. Göttliche Erkenntnisse können uns Wege aufzeigen, die alle menschliche Weisheit übersteigen, und Gottes Kraft kann Hindernisse aus dem Weg räumen, die aus menschlicher Sicht wie ein unüberwindbarer Felsbrocken auf unserem Leben lasten. Damit wir Gottes Wege für uns erkennen können, braucht es keine Vorbedingungen. Er möchte uns seine Erkenntnisse als Geschenk überreichen. Die einzige Voraussetzung dafür ist das Vertrauen in ihn. Wir lesen:

„Der Herr zieht die Menschen, die ihn ernst nehmen, ins Vertrauen" (Psalm 25,14).

Wenn wir Gott als unseren Vater annehmen und ihm den Ehrenplatz in unserem Leben geben, werden wir Schritt für Schritt von ihm ins Vertrauen gezogen. Je länger wir uns auf ihn ausrichten und auf seine Stimme hören, desto besser werden wir sie auch von anderen Stimmen unterscheiden können. Jesus selbst sagt uns:

„Wie viel mehr wird der Vater im Himmel denen den Heiligen Geist schenken, die ihn darum bitten!" (Lukas 11,13b).

Wir ermutigen dich, den Heiligen Geist jeden Morgen um Leitung zu bitten – und Gott hat in seinem Wort versprochen, dass er uns seinen Geist schenken wird. Gott ist ein Vater der Liebe und er möchte uns Menschen in jeder Situation führen und leiten. Er selbst würde uns niemals in eine Versuchung oder auf einen falschen Weg führen. Seine Anweisungen haben immer das Ziel, uns freizusetzen und uns den besten Weg aufzuzeigen – weil er uns liebt. Wir lesen in der Bibel:

„Glücklich ist, wer die Bewährungsproben besteht und im Glauben festbleibt. Gott wird ihn mit dem Siegeskranz, dem ewigen Leben, krönen. Das hat er allen versprochen, die ihn lieben. Niemand, der in Versuchung gerät, kann behaupten: „Diese Versuchung kommt von Gott.“ Denn Gott kann nicht vom Bösen verführt werden, und er verführt auch niemandem zum Bösen. Es sind vielmehr unsere eigenen selbstsüchtigen Wünsche, die uns immer wieder zum Bösen verlocken“ (Jakobus 1,12-14).

Gott wird dich niemals in Versuchung führen. Es sind unsere eigenen selbstsüchtigen Wünsche, die uns auf den falschen Weg bringen möchten. Je mehr wir uns dessen bewusst werden, desto mehr werden wir jeden Tag unser Herz in Gottes Hand legen und unseren Blick auf ihn ausrichten. Es gibt so viele Stimmen auf dieser Welt und auch unsere inneren Stimmen können uns auf eine falsche Fährte bringen. Nur Gottes Stimme wird uns immer die Wahrheit sagen und uns liebevoll auf den richtigen Weg lenken.

Nur Gottes Stimme wird uns immer die Wahrheit sagen und uns liebevoll auf den richtigen Weg lenken.

KAPITEL 9:

STRESS REDUZIEREN – GELASSENHEIT EMPFANGEN

Denn dein ist das Reich …

Als meine Schwiegereltern uns zum ersten Mal in Stuttgart besuchen wollten, holte Dan sie mit dem Auto in der Schweiz ab. Gespannt fuhren sie mit ihrem Sohn auf der Autobahn. Nicht jeden Tag hatten sie die Möglichkeit, eine so große Reise zu machen. Oft halfen sie Dans Bruder Hans auf dem Bauernhof und waren deshalb viel zu Hause. Doch an diesem Tag wollten sie in die große Stadt reisen.

Kaum waren sie jedoch eine Stunde unterwegs, gab es wegen eines schweren Unfalls einen großen Stau. Die Autobahn wurde sogar durch eine Vollsperrung komplett abgeriegelt und die Fahrt dauerte statt 90 Minuten ganze fünf Stunden. Als meine Schwiegereltern dann endlich viel später bei uns ankamen, waren sie total außer sich und sehr gestresst. Die Fahrt war für die beiden älteren Menschen eine richtige Qual gewesen und der Stress war ihnen auf ihren bleichen Gesichtern anzusehen.

Wenn wir über das Thema Stress nachdenken, sollten wir beachten, dass es äußere sowie innere Stressoren gibt. Ein äußerer Stressor wäre beispielsweise der Stau auf der A 81. Diese fünf Stunden im Stau lösten bei meinen Schwiegereltern verschiedene Emotionen aus. Sie fühlten sich verunsichert und waren gleichzeitig verärgert, denn sie verpassten wertvolle Zeit mit uns als Familie. Doch letztendlich war der große Stress nach fünf Stunden vorbei und sie konnten sich wieder entspannen. Schon einige Stunden später war der Stau vergessen und sie genossen einen Besuch auf dem Fernsehturm und den charmanten Schlossplatz in der schönen Innenstadt.

Äußere Faktoren können uns ganz schön in Stress versetzen – wie eine lange Warteschlange auf dem Postamt oder ein schreiendes Baby in der U-Bahn. Die Frage ist, wie wir in Stresssituationen den Frieden und die Ruhe zurückgewinnen können. Jesus lehrt uns im Vaterunser zu beten:

„Denn dein ist das Reich."

Das Königreich Gottes ist ein Reich des Friedens und der Liebe. Egal, in welchen Umständen wir gerade sind, das Reich Gottes wird sich niemals verändern. Jesus kommt aus einem Königreich der Liebe, Besonnenheit und des Friedens. Und Gott möchte auf dieser Welt sein wunderbares Reich aufbauen, damit der Friede und die Ruhe immer mehr zunehmen.

Gott wünscht sich Kinder, die auch in stressigen Situationen gelassen reagieren können. Mit dem Kommen von Jesus Christus hat ein neues Reich auf dieser Erde begonnen und wir können diesem kostbaren Königreich Ehre und Respekt erweisen. Gerade wenn wir uns mitten in Stresssituationen befinden, soll sich der Friede Gottes in unseren Herzen ausbreiten und sich auf unser Umfeld abfärben.

Bei der Vorbereitung dieses Kapitels haben wir uns an eine amüsante Situation in Dans Leben erinnert. Er war damals als Pastor zu einer Trauung eingeladen. Eine halbe Stunde davor musste er noch einmal auf die Toilette. Die Hochzeit fand auf einem alten, großen Schloss statt und die Toilette befand sich nicht gleich um die Ecke, sondern in einem verlassenen Bereich des Hauptgebäudes. Als Dan auf der Toilette war, wurde dieser Bereich versehentlich von außen abgeschlossen. Plötzlich war Dan im Schloss eingeschlossen und hatte keine Möglichkeit mehr herauszukommen. Er schlug mit seinen Fäusten gegen die alte Eisentür, doch niemand konnte ihn hören. Sein Adrenalinspiegel stieg an, denn er wusste, dass die Trauung in wenigen Minuten beginnen sollte. Immer wieder versuchte er, laut zu rufen und Klopfzeichen zu geben. Erst viel später hörte ihn jemand und konnte ihn aus der Misere befreien. Die Trauung fand dann mit 20 Minuten Verspätung doch noch statt. Für Dan löste dieses Erlebnis verständlicherweise großen Stress aus. Aber bereits während der Trauung war die Panne wieder vergessen.

Stressfaktoren von außen verschwinden nach einiger Zeit wieder. Wenn plötzlich ein weiterer Schalter bei der Post geöffnet wird oder die Mutter mit dem schreienden Kind das Abteil verlässt, wird die Situation wieder total entspannt. Viel belastender sind die Stressfaktoren, die von innen kommen. Diese Stressfaktoren heißen zum Beispiel Wut, Eifersucht und das Gefühl von Ablehnung. Doch genau diese Emotionen lassen sich oft schlecht kontrollieren und können nicht einfach so aus dem Weg geschafft werden.

Diese belastenden inneren Stressfaktoren wollen wir in diesem Kapitel genauer unter die Lupe nehmen und von unserem Besten lernen, wie wir damit umgehen können. Ebenso werden wir uns damit auseinandersetzen, wie wir äußere Stressfaktoren reduzieren und somit jederzeit Gelassenheit, Geduld, Frieden und Ruhe in unser Leben fließen lassen können. Ob der Stress von außen oder von innen kommt, spielt letztendlich nicht so eine große Rolle. Wichtig ist es, die Stressauslöser zu erkennen und etwas dagegen zu unternehmen. Denn Gott möchte uns ein entspanntes Leben in Ruhe und Frieden schenken. Er will uns Menschen nicht stressen, sondern uns helfen, den Stress erfolgreich zu überwinden und in Gelassenheit zu verwandeln.

Tiefe Begegnung gegen den Stress

In der heutigen Zeit sind wir enorm herausgefordert. Viele von uns versenden pro Tag Dutzende WhatsApp-Nachrichten und genauso viele werden gelesen. Alles auf dieser Welt geht immer schneller. Die sozialen Medien bringen viel Gutes, aber auch eine Menge Unruhe in unseren Alltag. Ebenso sehen wir viele Bilder, die wir eigentlich verarbeiten sollten, doch leider fehlt uns oft die Zeit dazu. Viele Menschen eilen weiter zum nächsten Termin, bevor sie die Aufgabe davor richtig abgeschlossen haben.

Jesus nahm sich jedoch immer viel Zeit für die Menschen. Er sprach mit ihnen und zeigte echtes Interesse an ihnen. Außerdem war er sehr organisiert und diszipliniert. Beispielsweise predigte er einmal an einem einsamen Ort. Die Leute um ihn herum fühlten sich langsam gestresst, weil sie ihm schon eine lange Zeit zugehört und folglich Hunger hatten. Es gab an diesem Ort aber keine Möglichkeit, einkaufen zu gehen, und ihre Mägen blieben leer. Doch dann forderte Jesus seine Jünger auf, den rund 5.000 Menschen Essen zu geben. In diesem Moment kamen nun die Jünger in Stress, denn auch sie hatten nichts zu essen dabei. Nach einiger Zeit schafften sie es jedoch, fünf Brote und zwei Fische aufzutreiben und brachten sie zu Jesus. Kurz darauf geschah Folgendes:

„Da ordnete Jesus an, dass sich die Leute in Gruppen ins Gras setzen sollten. So bildeten sie Gruppen von jeweils fünfzig oder hundert Personen“ *(Markus 6,39-40).*

Uns gefällt diese Anweisung von Jesus. Er überlässt die Gruppierung von 5.000 Männern mit Frauen und Kindern nicht einfach dem Zufall. Er wartet nicht, bis sich alle auf das Essen stürzen und das Chaos ausbricht. Er vermeidet bewusst eine Stresssituation, indem er weise vorausdenkt und einen Plan ausheckt.

An dieser Stelle finden wir einen kostbaren Schlüssel, um den Alltagsstress zu reduzieren. Wenn du deinen Stress im Alltag verringern möchtest, sind Voraussicht und Planung immer hilfreich. Manchmal beobachten wir, wie junge Eltern mit ihren Kindern im Einkaufszentrum endlose Diskussionen führen, weil das Kind unbedingt etwas kaufen möchte, was die Mutter oder der Vater aber nicht erlauben. Tobende Kinder und gestresste Eltern sind das Resultat. Doch genau solche Stressfaktoren können relativ einfach aus der Welt geschafft werden.

Als unsere Kinder klein waren, haben wir immer, bevor wir uns auf den Weg irgendwohin gemacht haben, den Ablauf mit ihnen besprochen. Gerade wenn wir in ein Einkaufszentrum fuhren, wurde vorher besprochen, was wir einkaufen und wie wir uns verhalten wollten. Wir haben unsere Unternehmung organsiert und die Kinder wussten ganz genau, was gekauft wird und was eben nicht. So konnten sie sich auf den Ausflug einstellen und wurden nicht plötzlich von einem verzweifelten „Nein“ von uns Eltern überrascht. Sie kannten die Grenzen und so war es für sie schon eine große Freude, im Einkaufszentrum auf dem Spielplatz herumzutollen oder mit einem kleinen Einkaufswagen geordnet über die großen Plattformen zu fahren. Die Regeln waren geklärt und wir konnten als ganze Familie einen entspannten Einkauf erleben.

An dieser Stelle können wir enorm viel von Jesus lernen. Seine Wege waren geordnet und er gab immer wieder klare Anweisungen. Als die Menschen bei der Brotvermehrung in Gruppen auf dem Boden saßen, konnten die Jünger entspannt das Brot verteilen und alle Menschen durften genüsslich essen. Wir ermutigen dich, Ordnung in deinem Leben zu schaffen und dir eine vorausschauende Weitsicht anzugewöhnen. Wenn du mit dem Auto unterwegs bist, ist Voraussicht das Wichtigste. Deine Augen sollten nicht auf die zehn Meter vor deinem Auto gerichtet, sondern sie sollten auf den weit entferntesten Punkt fokussiert sein, denn so kannst du Überraschungen frühzeitig erkennen und rechtzeitig reagieren.

Wer seinen Blick in die Zukunft wirft, kann frühzeitig Veränderungen erkennen und richtig damit umgehen. Wer dazu noch die Organisation im Blick hat, wird erleben, wie der Alltagsstress immer mehr verschwindet. Jesus selbst hat immer wieder vorausgeblickt und seinen Tag vorbereitet. So lesen wir im Markusevangelium:

Wer seinen Blick in die Zukunft wirft, kann frühzeitig Veränderungen erkennen und richtig damit umgehen.

„Am nächsten Morgen stand Jesus vor Tagesanbruch auf und zog sich an eine einsam gelegene Stelle zurück, um dort allein zu beten" (Markus 1,35).

Jesus brauchte Zeit, um in Ruhe zu beten. Er nahm sich Zeit, um seinen Fokus auf seinen Vater auszurichten. Bevor jemand ein Wort mit ihm sprechen konnte und bevor die Welt erwachte, war Jesus bereits im Gespräch mit Gott. An dieser Stelle können wir von Jesus lernen, wie wir einem ausgefüllten Tag mit mehr Stärke entgegentreten können.

Deshalb ist mir auch meine Gebetszeit frühmorgens so wichtig.

Ich fokussiere mich zuerst auf Gott und danach auf meine Arbeit. Es ist ruhig im Haus und die Stille schenkt mir mentale Stärke. Ich bin wach, während die Welt noch schläft, und kann schon einiges erledigen, bevor das Leben um mich herum erwacht.

Ich sage nicht, dass alle Menschen so leben sollen, aber ich möchte damit aufzeigen, welch große Stärke und Kraft in den Morgenstunden liegen. Nicht umsonst lautet ein Sprichwort: „Morgenstund hat Gold im Mund." Und nicht umsonst ist Jesus am frühen Morgen auf einen Berg gewandert. Für mich bringt diese Struktur meines Alltags Ruhe und Segen in meinen Tag – und eine große Gelassenheit. Denn frühmorgens kann ich in Ruhe in die Ferne schauen und den Tag vorbereiten. So bin ich viel mehr für Überraschungen gerüstet und kann in Ruhe darauf reagieren.

Ebenso können wir von Jesus lernen, dass er sich alleine an einen einsamen Ort zurückzog. Er suchte die Ruhe und die Einsamkeit. Manche Menschen heute können kaum mehr allein sein oder Stille ertragen. Die sozialen Medien sind ein ständiger Begleiter und viele sind 24 Stunden am Tag erreichbar.

Wir ermutigen dich, Orte der Stille zu suchen. Wenn du stressfreier durch dein Leben gehen möchtest, brauchst du manchmal eine bewusste Abgrenzung von den sozialen Medien und deinem hektischen Alltag. Suche dir eine „Oase“, wo du ausspannen und deine Seele baumeln lassen kannst. Gott hat uns die Natur geschenkt und wir haben die Möglichkeit, in Gottes schöner Schöpfung zu entspannen. Wir lesen in den Psalmen:

„Er weidet mich auf saftigen Wiesen und führt mich zu frischen Quellen“ (Psalm 23,2).

Entscheide dich bewusst für einen Spaziergang an der frischen Luft. Schon wenn du nur eine Runde um dein Haus läufst, ändert sich dein Blickwinkel und der Tapetenwechsel wird dir guttun. Oder mach dich auf den Weg in den Wald oder zu einem schönen See und genieße die Schönheit der Natur. Fülle deine Seele mit dem Schönen dieser Welt und du wirst sehen, wie sich dabei der Stress des Alltags reduziert.

Wenn du dir keine Zeit für Bewegung und die schönen Dinge des Lebens nimmst, wird dein Körper irgendwann darauf reagieren. Gott hat uns die Schönheit der Natur geschenkt, um darin Entspannung und Ruhe zu finden. Lass dich deshalb am besten gleich heute von dieser Schönheit inspirieren und stärken. So kannst du äußere Stressfaktoren in deinem Leben reduzieren und neue Gelassenheit empfangen.

Innere Stressfaktoren bekämpfen

Doch wie steht es mit unseren eigenen Emotionen, die uns über längere Zeit enorm stressen können? Was sollen wir tun, wenn Wut, Eifersucht oder das Gefühl der Ablehnung in uns Stress auslösen? Gerade diese drei Emotionen haben einen großen Einfluss auf unser Leben. Deshalb wollen wir sie uns ein bisschen genauer ansehen. Wir starten mit der Wut:

Kürzlich hatten wir mit ein paar Leuten einen Termin für ein wichtiges Meeting vereinbart. Es war nicht ganz einfach, einen passenden Termin zu finden, denn bei allen Beteiligten war der Kalender bereits überfüllt. Schließlich konnten wir doch einen Wochentag sowie eine geeignete Uhrzeit fixieren. Wir mussten für dieses Treffen einen weiten Weg auf uns nehmen und uns als Familie gut organisieren, was einiges an Vorarbeit mit sich brachte. Doch dann wurde das Meeting kurzfristig und völlig überraschend abgesagt. In diesem Moment merkten wir, wie sich die Wut in uns ausbreitete.

Menschen lassen manchmal auf sich warten oder können unbegründet das Gespräch verweigern. Auch unachtsame Worte von anderen oder ungeklärte Probleme können großen Stress auslösen. Wie hat Jesus in solchen Situationen reagiert? Was können wir in diesem Punkt von ihm lernen? Der Sohn Gottes gibt eine klare Antwort:

„Urteilt nicht über andere, damit Gott euch nicht verurteilt. Denn so wie ihr jetzt andere richtet, werdet auch ihr gerichtet werden […]. Warum siehst du den kleinen Splitter im Auge deines Mitmenschen, aber den Balken in deinen eigenen Augen bemerkst du nicht?" (Matthäus 7,1-4).

Jesus ist so genial! Er selbst wurde immer wieder herausgefordert und trotzdem gibt er den Tipp, andere nicht zu verurteilen. Gerade wenn Menschen uns in Rage bringen, stehen wir in der Gefahr, sie zu beurteilen und negativ über sie zu sprechen. Aber Jesus gibt uns die Anweisung, zuerst einmal Abstand von dieser Sache zu nehmen. Das bedeutet, unseren Blick von dieser Person oder der Situation, die uns gerade gestresst hat, wegzulenken. Wenn wir uns auf den Stressfaktor fokussieren, wird der Stress nicht nachlassen, sondern sich immer mehr verstärken. Wenn wir jedoch unseren Blick von diesem „Splitter" wegnehmen, werden wir plötzlich ganz andere Dinge erkennen.

Aus diesem Grund ist es in solchen Stressmomenten hilfreich, einen Abstand zu gewinnen. Wenn beispielsweise jemand nicht zu einem Meeting erscheint, kann das bedeuten, einfach einen Kaffee zu trinken und zu entspannen. Die Situation, in der man steht, kann man nicht mehr verändern. Das Gegenüber hat einen im Stich gelassen und das Treffen wird nicht stattfinden. Aber man kann sich entscheiden, trotzdem den Tag zu genießen und sich etwas Gutes zu tun. Beim Kaffeetrinken können sich die Gedanken erholen und man kann sich wieder auf neue Dinge ausrichten. So bekommt der Stress keine Möglichkeit, sich im Inneren zu verankern und unsere Seele mit Negativem zu verseuchen.

Ich habe gemerkt, wie mich die Geschichte mit dem Splitter und dem Balken in solchen Stresssituationen immer wieder ermutigt. Wenn andere Fehler machen und das Konsequenzen für mein Leben hat, erinnere ich mich gerne an meinen eigenen „Balken", daran, dass ich auch nicht perfekt bin – und allein das entspannt einen schon mal ein bisschen und nimmt mir die Wut.

Manchmal stehen wir wie ohnmächtig einer gewissen Situation gegenüber. Andere Menschen können sich plötzlich verändern und uns in die Quere kommen. Oft können wir in diesen Situationen unser Gegenüber nicht verstehen und wissen nicht, was zu tun ist. Dabei ist es wichtig zu erkennen, dass kein Mensch fehlerfrei ist. Jeder hat seine Stärken und Schwächen. Solange wir auf dieser Erde in Gemeinschaft mit anderen Menschen leben, werden sich immer wieder Wut und

Ärger in unserem Leben breitmachen. Aber wir können von Jesus lernen, was wir mit unserer Wut machen sollen. Wir dürfen unsere Wut erkennen, sie auch mal zulassen, aber dann einen Abstand dazu gewinnen, gnädig werden in Anbetracht unserer eigenen Fehlerhaftigkeit und sie dadurch aus dem Leben räumen.

Ein weiterer Stressfaktor, der großen Schaden in uns anrichten kann, ist die Eifersucht. Jesus sagt uns im Matthäusevangelium:

„Durch die Augen fällt das Licht in deinen Körper. Wenn sie klar sehen, bist du ganz und gar vom Licht erfüllt. Wenn sie aber durch Neid oder Habgier getrübt sind, ist es dunkel in dir. Und wie tief ist diese Finsternis, wenn das Licht in deinem Innern erloschen ist!" (Matthäus 6,22-23).

Jesus vergleicht Neid und Habgier mit einer tiefen Finsternis. Sobald Eifersucht sich im Leben eines Menschen ausbreitet, entsteht dadurch ein innerer Stressfaktor. Wenn beispielsweise am Arbeitsplatz eine andere Person befördert oder in der Gemeinde jemand anderes für einen beliebten Dienst angefragt wird, kann das Eifersucht bei uns hervorrufen und gleichzeitig großen Stress auslösen. Wenn andere mehr bekommen oder bessergestellt sind als wir, können sich ungute Gefühle in unserem Innern entwickeln. Jesus gebraucht dazu das Bild von getrübten Augen. In diesem Moment können wir nicht mehr klar sehen, weil wir uns unterlegen und damit total verunsichert fühlen. Die Bibel spricht klare Worte zum Thema Neid:

„Hört auf mit aller Bosheit und allem Betrug! Heuchelei, Neid und Verleumdung darf es bei euch nicht länger geben" (1. Petrus 2,1).

Auch Jesus selbst toleriert keinen Neid in unserem Leben. Wenn die Bibel uns ermutigt, mit etwas aufzuhören, heißt das immer, dass wir uns dazu entscheiden können. Wer sich bewusst gegen Neid entscheidet, tut den ersten Schritt hinein in ein stressfreieres Leben.

Je mehr wir unserer Identität gewiss sind, desto mehr wird Neid aus unserem Leben verschwinden. Deshalb ist es so wichtig, darüber nachzudenken, wer wir in Jesus Christus sind und dass wir diese Wahrheit immer wieder über uns aussprechen. Wir sollten über das reden, was wir gut können und was Gott in uns hineingelegt hat. Aus diesem Grund empfehlen Psychologen bei krankhafter Eifersucht, Zeit mit Musik, Kreativität und Bewegung zu verbringen.

Je mehr wir unserer Identität gewiss sind, desto mehr wird Neid aus unserem Leben verschwinden.

Wir ermutigen dich, dir immer wieder deiner Talente und Möglichkeiten bewusst zu werden. Betrachte, was du schon alles erreicht hast, und werde dankbar dafür. Wir sind überzeugt, du wirst eine Menge an guten Dingen in deinem Leben entdecken. Es wird immer Menschen geben, die etwas besser sind als du. Lass dich davon nicht irritieren, sondern freue dich darüber und gehe mutig deinen eigenen Weg. Jesus lehrt uns immer wieder, vorwärtszuschauen. Er sagt:

„Wer beim Pflügen nach hinten schaut, den kann Gott in seinem Reich nicht brauchen“ (Lukas 10,62).

Wer früher beim Pflügen nach hinten schaute, konnte leicht auf krumme Wege kommen. Deshalb erwähnt Jesus dieses Beispiel. Wenn wir eifersüchtig sind, schauen wir zurück auf andere Menschen oder unerfreuliche Situationen in unserem Leben. Wir ärgern uns vielleicht über die Beförderung einer anderen Person oder über eine misslungene Prüfung, die andere locker bestanden haben. Oft grübeln Menschen zu viel über die Vergangenheit nach, schauen zurück und merken dabei nicht, wie sie von Gottes vorbereiteten Wegen abkommen. Doch je mehr wir entdecken, dass Gott jede Situation im Blick hat, desto mehr werden wir die Eifersucht bei ihm abgeben und unser Vertrauen in ihn setzen können.

Gott hat einen wunderbaren Plan für dich als einzigartige Persönlichkeit vorbereitet. Höre deshalb auf zu denken: *Was wäre wenn …* Schreibe lieber deine Gedanken auf und lass die dann los. Manchmal ist es gut, sich mit der Vergangenheit auseinanderzusetzen und seine Handlungen noch einmal zu reflektieren. Schreibe dir danach wichtige Erkenntnisse auf, die du aus der Vergangenheit lernen konntest, aber dann entscheide dich, wieder vorwärtszugehen. Lass dich vom Stress der Eifersucht nicht ausbremsen und davon abhalten, die Wege Gottes zu gehen.

Wenn wir die Jünger beobachten, können wir auch bei ihnen Neid entdecken. Auch sie standen in der Gefahr, sich zu vergleichen und negative Gedanken über sich selbst zu haben. Als sie nach Kapernaum in ein Haus kamen, wo Jesus sich gerade aufhielt, wollte er von ihnen wissen, worüber sie unterwegs gesprochen hatten. Er spürte ihnen den Stress bereits an. In diesem Moment mussten die Jünger verlegen zugeben, dass sie sich soeben darüber gestritten hatten, wer von ihnen denn der wichtigste sei.

Sobald sich ein Mensch mit anderen vergleicht, bringt das Unruhe mit sich. Nach außen kann er womöglich noch entspannt wirken, aber in seinem Innern ist er aufgewühlt, weil er sich durch den Vergleich total verunsichern lässt. Und genau diese Verunsicherung kann sich in einen großen inneren Stress verwandeln, der das Umfeld negativ beeinflusst. Aber was macht Jesus in dieser Situation?

„Jesus setzte sich, rief die zwölf Jünger zu sich und sagte: ‚Wer der Erste sein will, der soll sich allen unterordnen und ihnen dienen'“ (Markus 9,35).

Die Reaktion von Jesus ist wieder einmal faszinierend. Er ließ die Jünger nicht einfach weiterstreiten, sondern stoppte sie. Er setzte sich und rief die Streitlinge zusammen. Wie wunderbar ist dieses Bild! Bei Auseinandersetzungen ist es so wichtig, dass sich die betreffenden Personen zusammensetzen. Denn nur so können wir den Stress, den ein Streit tief in unserem Herzen auslöst, wieder aus der Welt schaffen. Jesus hat seinen Jüngern die Frage gestellt, worüber sie denn gestritten haben. Wenn wir einen Streit zu einem guten Ende führen möchten, sind Fragen das Beste.

Manchmal kann es einem auch helfen, Selbstgespräche zu führen und so die einzelnen Punkte nochmals zu analysieren. Wenn wir lernen, uns unseren Stress von der Seele zu reden, lösen sich gewisse Anspannungen von alleine. In diesem Moment können neue Gedanken zum Vorschein kommen und wir können befreiter und entspannter mit unserem Konfliktpartner am selben Tisch sitzen. Wer lernt, Konflikte mit den betreffenden Personen direkt und offen zu besprechen, der wird den inneren Stress in seinem Leben schneller abbauen können.

Kürzlich habe ich in einem Artikel gelesen, Psychologen hätten herausgefunden, dass die stärkste seelische Verletzung durch das „Ignoriertwerden" ausgelöst wird. Menschen, die Ablehnung in ihrem Leben erfahren, erleben den größten Stress in ihrem Innern. Studien zeigen, dass soziale Zurückweisung jene Gehirnregion aktiviert, die sogar körperlichen Schmerz auslösen kann. Vielleicht kennst du Mobbing in deinem Leben oder deine Eltern haben dich abgelehnt. Oder an deinem Arbeitsplatz gibt es Menschen, die dich ausgrenzen oder Freunde haben dir plötzlich den Rücken zugedreht.

Ablehnung ist eine tiefe Verletzung, die in unserem Herzen bittere Wurzeln schlagen kann. Auch wenn du selbst andere Menschen nicht so akzeptierst, wie sie sind oder ihnen durch Ablehnung Unrecht tust, wirst du an ihnen schuldig. Jesus kennt sich mit dem Thema Zurückweisung aus, denn er hat sie selbst erlebt. Deshalb können wir von ihm lernen. Jesus sagt uns:

„Ja, meinen Frieden gebe ich euch – einen Frieden, den euch niemand sonst auf der Welt geben kann. Deshalb seid nicht bestürzt und habt keine Angst!" (Johannes 14,27).

Jesus möchte dir tiefen inneren Frieden geben. Gott hat dich als sein Kind angenommen. In der Gegenwart deines liebenden Vaters findest du jederzeit Annahme und Frieden. Psychologen raten, bei Mobbing bewusst den Kontakt zu nahestehenden Personen zu pflegen, um dadurch zu erfahren, dass das soziale Netzwerk noch vorhanden ist. Welchen Vorteil haben wir als Christen, weil wir jederzeit mit Gott verbunden sein können! Dieses „soziale Netzwerk" wird niemals auseinanderbrechen. Mit seiner Gegenwart möchte er uns täglich mitteilen, wie sehr er uns liebt und dass er uns zu hundert Prozent angenommen hat.

Wir sind seine Kinder und dürfen geborgen in seiner Hand sein. Die Bibel lehrt uns:

„Ich bin zur Ruhe gekommen, mein Herz ist zufrieden und still. Wie ein kleines Kind in den Armen seiner Mutter, so ruhig und geborgen bin ich bei dir" (Psalm 131,2).

Im Frieden mit meinen Grenzen

Die tiefste Geborgenheit und die größte Gelassenheit finden wir in den Armen Gottes. Wir können nie tiefer als in seine Hand fallen und niemals würde er uns ablehnen. Gott ist ein Gott der vollkommenen Gnade und der alles übertreffenden Liebe. Wenn dein Herz aufgewühlt ist und nicht zur Ruhe kommt, ist es an der Zeit, es ganz in Gottes Hände zu legen. Bringe deinen Stress zu Gott und lass dich von ihm zur inneren Ruhe führen.

Die tiefste Geborgenheit und die größte Gelassenheit finden wir in den Armen Gottes.

Jesus hat selbst im größten Stress seinen Vater im Himmel mit einem Gebet angerufen. Er wusste, dass er bald sterben musste, und redete auf einem Berg mit einer Erscheinung von Abraham und Elia über den Tod, den er nach Gottes Plan in Jerusalem erleiden sollte.

„Während Jesus betete, veränderte sich sein Gesicht, und seine Kleider strahlten hell" (Lukas 9,29).

Uns gefällt dieses Bild vom einem hellen Gesicht. Jesus ist total gestresst und betet zu seinem lieben Vater – und in diesem Moment wird ein heller Lichtglanz sichtbar und seine himmlische Herrlichkeit zeigt sich.

Wenn wir Stress empfinden und unsere Sorgen mit Gott besprechen, wird Licht in die Situation hineinkommen und Gott wird uns zeigen, dass er uns beistehen möchte. Wenn wir eine Begegnung mit Gott suchen, kann er unseren Stress in ein helles Licht und somit in Ruhe und Frieden verwandeln. Wenn wir Jesus beobachten, können wir deutlich erkennen, dass er sich auch in den schwierigsten Momenten nicht aus der Ruhe bringen ließ. Er war voll göttlicher Weisheit und tat im richtigen Moment immer das Richtige. Auch konnte er zu gegebenen Zeit abwarten und ließ sich nicht zu Schnellschüssen hinreißen.

Einmal war er mit seinen Jüngern unterwegs und sie wollten, dass er mit nach Judäa kam. Aber Jesus gab ihnen eine klare Antwort:

„Jetzt kann ich noch nicht dorthin gehen, weil meine Zeit noch nicht gekommen ist. Ihr könnt gehen und tun was ihr wollt" (Johannes 7,6).

Jesus hat sich niemals vom Gruppendruck mitreißen lassen. Er tat das, was seine Stimme im Innern sagte. Er konnte warten und einfach auch mal nicht dabei sein. Auch in diesem Punkt können wir Menschen von Jesus lernen. Wir müssen nicht immer und überall dabei sein. Wir dürfen oder sollten auch mal „Nein" sagen. Wir leben in einer Gesellschaft, in der man alles haben und alles erleben möchte. Jesus war anders. Er konnte verzichten und geduldig warten. Jesus ist wirklich der Beste, denn er hat wegen uns auf sein Weiterleben verzichtet. Er kam als Diener auf diese Welt und hat damit die größte Verzichtbereitschaft vorgelebt. Er sagt uns im Lukasevangelium:

„Jeder der sich selbst ehrt, wird gedemütigt werden; aber wer sich selbst erniedrigt, wird geehrt werden" (Lukas 14,11).

Gott möchte jeden Menschen zu seiner Zeit erhöhen. Aus diesem Grund ist es so wichtig, dass du warten kannst. Je weniger du dich in eine Position drängst, desto mehr wirst du sehen, wie Gott dich befördern wird. Er hat den Masterplan und er weiß, welche Position zu welcher Zeit gut für dich ist.

Gott möchte jeden Menschen zu seiner Zeit erhöhen. Aus diesem Grund ist es so wichtig, dass du warten kannst.

Viele Christen sind gestresst. Sie eilen von einem Termin zum anderen und versuchen, aus eigener Leistung heraus etwas zu bewirken. Gott möchte uns entspannen. Er wünscht sich, dass wir mehr loslassen können und weniger selbst tun, um ihm den größeren Raum zu geben.

In meinem Leben erlebe ich immer wieder Zeiten, in denen mir die Arbeit und die Herausforderungen zu viel werden. Ich liebe es zwar zu arbeiten und in der Kraft Gottes etwas zu bewegen. Ich mag es aber auch, mich abends oder auch mal tagsüber ins Bett zu legen und einfach zu schlafen. Manchmal ist meine To-do-Liste richtig lang und ich merke, dass ich eigentlich nicht ins Bett gehen „darf", weil ich noch arbeiten sollte. Aber wenn ich dann auf meinen Körper achte und merke, dass er wirklich müde ist, ziehe ich die Notbremse und gehe ins Bett. In diesen Momenten nehme ich einen Vers aus den Psalmen sehr ernst:

„Denen, die er liebt, gibt Gott alles Nötige im Schlaf!" (Psalm 127,2b).

Dann lege ich mich entspannt ins Bett und vertraue darauf, dass Gott mir am nächsten Tag Gunst für alle Arbeiten geben wird. Immer wieder habe ich erlebt, wie Gott mir dann tatsächlich geholfen hat, schneller zu arbeiten, oder wie sich gewisse Dinge von selbst erledigt haben. Gott möchte uns niemals überfordern, sondern er wünscht sich Entspannung und Frieden für unser Leben.

Es ist so wichtig, die eigenen Grenzen zu spüren und zu merken, wann wir eine Pause machen müssen. Wir ermutigen dich, auf deinen Körper und auf deine Seele zu hören und die äußeren und inneren Stressfaktoren zu reduzieren, damit du die Gelassenheit erleben kannst, die Gott für dich vorgesehen hat.

KAPITEL 10:
ANGST ÜBERWINDEN – ENTSCHLOSSENHEIT HERVORRUFEN

… und die Kraft …

Als wir vor rund 15 Jahren drei Monate lang in Amerika wohnten, waren wir einmal mit einem kleinen Wohnmobil quer durch Kalifornien unterwegs. Ich befand mich damals in einem Ausnahmezustand, denn wir hatten als Familie ein paar Monate zuvor unsere größte und bisher schwierigste Lebenskrise erlebt. Aus diesem Grund litt ich an Schlafstörungen und Angstzuständen bis hin zu Panikattacken. Als wir nun mit unseren zwei Kindern in diesem großen Land unterwegs waren, veränderte sich überraschend das Wetter und es wüteten heftige Stürme.

Wo wir auch hinkamen gab es Überschwemmungen, Erdrutsche und gesperrte Straßen. Es regnete tagelang in Strömen und die Leute vor Ort meinten, sie hätten ihr Land selten in so einem Zustand gesehen. Dauerregen ist für Kalifornien eher außergewöhnlich. Auf unserem kleinen Fernseher konnten wir immer die neusten Meldungen über die Wetterlage sehen. Tag und Nacht prasselte der Regen auf das Dach unseres Wohnmobils. Und wenn wir unterwegs waren, konnten wir kaum etwas von der schönen Landschaft sehen.

Als wir dann noch in den Nachrichten hörten, dass ein Radfahrer von einem Berglöwen angegriffen worden war, eskalierte für mich die Situation. Ich hatte plötzlich solche Angst, dass ich kaum mehr fähig war, unser Wohnmobil zu verlassen. Ich kann mich erinnern, dass wir vor der wunderschönen Kirche „Crystal Cathedral" parkten und ich nur noch laut weinen konnte. Ich hatte nicht mal mehr Lust, eine Kirche zu besuchen, denn meine Ängste waren zu stark.

Mein Mann tröstete mich liebevoll und ich konnte mich nach einiger Zeit wieder beruhigen. Als dann am nächsten Tag endlich wieder die Sonne schien und sich die Wetterlage entspannte, hellte sich auch mein Gemütszustand langsam wieder auf.

Ängste können uns total blockieren und unser Leben komplett in Beschlag nehmen. Deshalb ist es so wichtig, dass wir uns mit diesem Thema auseinandersetzen und entdecken, was Jesus dazu zu sagen hat. Im Vaterunser lehrt uns er:

„Denn dein […] ist die Kraft."

In der Beziehung zu Gott liegt eine unglaublich große Kraft, mit der wir jedes Hindernis besiegen können. Je mehr wir aus dieser Kraft heraus leben, desto mehr werden Ängste und Sorgen aus unserem Leben verschwinden müssen. An dieser Stelle bittet Jesus in seinem Gebet nicht um Kraft, sondern er spricht laut aus, dass diese Kraft Gottes bereits vorhanden ist. Er proklamiert die unlimitierte Kraft Gottes und erklärt auf diese Weise vor der sichtbaren und unsichtbaren Welt, mit welchem starken Gott wir es zu tun haben. Gott gehört alle Kraft und mit ihm tragen wir eine Stärke in uns, die viel größer ist, als wir es uns vorstellen können.

Warum werden wir als Christen trotzdem immer wieder von Angst überfallen? Jesus sagt ganz deutlich, dass Angst zu unserem Leben auf dieser Welt gehört. Solange wir also auf diesem Planeten leben, werden wir es immer wieder mit der Angst zu tun haben. Jesus sagt uns:

„In der Welt habt ihr Angst; aber seid getrost, ich habe die Welt überwunden" (Johannes 16,33; Lutherbibel).

Angst gehört zu unserem Leben dazu, so wie wir jeden Tag Hunger und Durst haben. Deshalb ist es wichtig, sich mit diesem Thema zu beschäftigen und von Jesus zu lernen. Du darfst wissen, dass der Sohn Gottes stärker ist als jede Angst. Jede Unsicherheit steht unter der Macht Gottes und hat somit nicht die Überhand, weil Jesus am Kreuz den vollständigen Sieg über alles, was uns Angst machen könnte, errungen hat. Und trotzdem bedeutet das nicht, dass wir als Christen die Angst nicht mehr erleben werden. Selbst wenn wir Gott aus tiefstem Herzen vertrauen, können uns dennoch von Zeit zu Zeit Sorgen und Ängste überfallen.

Verängstigt und doch bewacht

Wir können uns an eine Nacht erinnern, in der ich große Angst hatte. Unser Schlafzimmer ist ebenerdig und liegt für unsere Katze Zora ideal, um durchs Fenster ein und aus zu gehen. Eines Nachts miaute Zora um vier Uhr und ich öffnete ihr das Fenster. Unsere Katze sprang mit einem Satz ins Zimmer und hielt eine noch lebende Maus zwischen ihren Zähnen fest. Ich erschrak und begann zu schreien. In diesem Moment öffnete Zora das Maul und die Maus fiel neben sie auf den Boden. So schnell sie konnte, huschte sie hinter unser schweres Bett. In der Zwischenzeit war Dan natürlich erwacht und wir versuchten gemeinsam, die Maus unter und hinter dem Bett zu finden. Als sie endlich aus ihrem Versteck hervorkam, konnten wir sie einfach nicht einfangen. Sie war schnell wie der Wind. Ich schrie und stand mehr auf dem Bett, als dass ich Dan hätte helfen können.

Es herrschte eine große Aufregung in unserem Schlafzimmer und das mitten in der Nacht. Wir begannen eine Verfolgungsjagd durchs ganze Zimmer. Die Katze verbannten wir wieder nach draußen. Dann blieb es plötzlich ruhig im Zimmer, denn die Maus hatte sich hinter dem großen Schrank verschanzt und bewegte sich nicht mehr. Dan wollte das Licht ausmachen und einfach weiterschlafen. Doch ich konnte nicht an Schlafen denken, denn ich hatte Angst! Dan schlief tatsächlich irgendwann ein, aber ich lag hellwach in meinem Bett. Kurze Zeit später kam unsere Katze zurück ins Zimmer und setzte sich auf meine Bettdecke. Als sie da war, konnte ich ruhig schlafen, weil ich wusste, ich werde gut bewacht.

Wenn wir wissen, dass jemand bei uns ist, dann sind wir weniger ängstlich. Wir fühlen uns gut aufgehoben und beschützt. Jesus verspricht uns, dass er immer bei uns ist und uns bewachen möchte – auch wenn wesentlich größere Gefahren auf uns lauern als eine kleine Maus. Wenn wir Angst haben, dann dürfen wir wissen, dass er stets an unserer Seite ist. Jesus ist bei uns. So lauten die letzten Worte im Matthäusevangelium:

„Ich bin immer bei euch, bis das Ende dieser Welt gekommen ist" (Matthäus 28,20).

Es gibt keine Sekunde, in der du alleine bist. Jesus steht immer dicht an deiner Seite. Deshalb brauchst du dich vor nichts zu fürchten. Wenn uns schon eine Katze auf der Decke eine gewisse Sicherheit geben kann, wie viel mehr ist Jesus dann unsere Stütze und wahre Obhut. Er ist der Sohn Gottes und hat alle Macht. Und genau mit dieser Stärke und Kraft bewacht er uns. Es gibt keine Situation, die du alleine meistern musst, und keinen Ort, an den Jesus nicht mitkommen würde. Der Geist Gottes hat Einblick in jede Unsicherheit und möchte sie mit seiner stärkenden Gegenwart ausfüllen. In der Bibel lesen wir:

Es gibt keine Sekunde, in der du alleine bist. Jesus steht immer dicht an deiner Seite. Deshalb brauchst du dich vor nichts zu fürchten.

„Die Augen des Herrn sind an jedem Ort" (Sprüche 15,3).

Gott entgeht gar nichts. Deshalb dürfen wir entspannt unser Leben genießen. Es gibt keinen Grund zur Aufregung. Selbst wenn dein Leben kopfsteht, hat Gott alles unter Kontrolle und macht keine Fehler. Vertraue dem dreieinigen Gott und glaube an seine Hilfe in jeder Lebenslage.

Bestimmt möchtest du noch erfahren, wie die Geschichte mit der Maus endete. Am nächsten Morgen weckte ich meinen Mann in der Früh auf und sagte eindringlich zu ihm: „Wir müssen die Maus sofort suchen!" Doch Dan wollte erst einmal in Ruhe duschen gehen und sich nicht um die Maus kümmern. Ich war natürlich richtig aufgeregt und bewegte mich lediglich auf Zehenspitzen durchs Zimmer. Endlich kam Dan aus der Dusche zurück und meinte, er hätte heute keine Zeit für diese blöde Maus. Nur einen Moment später hob er den Deckel seines Reisekoffers an, um frische Unterwäsche herauszunehmen, und schrie laut auf. Tatsächlich schauten ihn zwei kleine Mäuseaugen an. Sofort schlug er den Koffer wieder zu. Dann brachte er ihn eilends mit dem wertvollen Inhalt in den Garten und entließ die lang gesuchte Maus in die Freiheit.

Obwohl wir wissen, dass Jesus immer bei uns ist, können uns trotzdem plötzlich Ängste und Unsicherheiten überfallen – auch wenn wir eine intensive Beziehung mit Gott pflegen und vielleicht sogar selbst predigen oder eine Gemeinde leiten. Ängste wollen uns immer kleinmachen und uns abhalten, das Gute auf dieser Welt zu tun.

Mut, der übers Wasser geht

Kürzlich war Dan auf einer Indienreise. Er war von Pastoren eingeladen worden, um dort Gottes Wort zu predigen. Er reiste mit einem Begleiter von einer Gemeinde zur anderen und predigte beinahe ununterbrochen in verschiedenen Städten. Die Menschen waren offen für das Evangelium und Dan konnte für viele kranke Menschen beten. Er war schockiert über die große Armut in diesem Land und darüber, mit welchen einfachen Mitteln die Einheimischen zurechtkommen müssen. Auf dieser Reise waren Dan und sein Begleiter oft mit dem Auto unterwegs und Dan hatte dabei richtig große Angst. Der Straßenverkehrt in Indien ist nämlich alles andere als gut organisiert. Auf der Autobahn können Lkws plötzlich wenden und sich in die Gegenrichtung auf den Weg machen. Außerdem findet man am Straßenrand überall kaputte Autos, die nach einem Unfall einfach stehen gelassen wurden. Dan hatte oft Angst und war sehr dankbar, dass er seine Reise nach zwei Wochen ohne Unfall überstanden hatte.

Wir Menschen werden immer wieder überraschend von Ängsten in unserem Leben überfallen. Manchmal werden die Ängste von äußeren Umständen ausgelöst, wie zum Beispiel durch den kriminellen Verkehr in Indien, einen Berglöwen oder eben eine kleine Maus. Doch diese Angst wird vorbeiziehen, sobald die Autofahrt vorbei ist oder der Berglöwe und die Maus verschwunden sind. Es gibt aber auch innere Ängste, die es schaffen, sich tief in unseren Herzen zu verankern. Und genau diese Ängste können uns dermaßen in die Enge treiben, doch Jesus ist auf diese Welt gekommen, um uns von *jeder* Angst zu befreien. Seine Vision ist es, immer mehr Menschen aus der Gefangenschaft ihrer Ängste in die Freiheit zu führen. Er ist gekommen, um uns zu befreien.

Bereits bei den Geschehnissen rund um die Geburt von Jesus spielt das Thema Angst eine Rolle. Aus diesem Grund tauchten damals immer wieder Engel auf, und immer wieder sprachen sie aus:

„Fürchte dich nicht!" (z. B. Lukas 1,30).

Engel kamen zu Maria, zu Josef, den Hirten und den Sterndeutern. Immer wieder brachten sie Mut und Weisheit in ihr Leben. Genau das ist auch die Absicht von Jesus und seinem Vater im Himmel. Gott möchte uns ermutigen und nicht verängstigen. Angst kommt niemals von Gott, sondern es ist ein Gefühl vom Bösen. Genau deshalb ist es so wichtig, dieses negative Gefühl im Namen Jesu zu besiegen. Manche Christen sagen: „Weißt du, bei uns liegt die Angst in der Familie!" Das kann sein, aber das ist kein Grund, warum diese Linie nicht in der Kraft von Jesus Christus durchbrochen werden könnte. Wer sich ängstigt, der braucht eine Begegnung mit Gott, denn der Herr ist mächtig genug, um jede Angst erfolgreich zu durchbrechen und sie in große Zuversicht und Mut zu verwandeln. Corrie ten Boom sagte einmal:

„Mut ist Angst, die gebetet hat."

Auch sie ging davon aus, dass Angst ein täglicher Begleiter ist, aber dass wir jede Angst in der Kraft Gottes in Mut verwandeln können. Wer sich der Angst mit einem Gebet in die Quere stellt, wird durch Gottes Kraft Mut und Zuversicht im Leben freisetzen können. Wenn wir das Leben von Jesus anschauen, können wir sehen, wie er sich der Angst gestellt und dabei mutige Worte ausgesprochen hat.

Wer sich der Angst mit einem Gebet in die Quere stellt, wird durch Gottes Kraft Mut und Zuversicht im Leben freisetzen können.

Eines Tages waren die Jünger alleine ohne Jesus mit einem Boot auf dem See Genezareth unterwegs. Als ein heftiger Sturm aufkam, konnten sie plötzlich Jesus sehen, wie er übers Wasser lief und auf ihr Boot zukam. In diesem Moment lesen wir in der Geschichte:

„Da packte sie die Angst" (Johannes 6,19).

Plötzlich wurden sie von großer Angst überfallen. Ja, sie wurden sogar richtig von ihr „gepackt" – wie von einem Griff im Nacken, der sie blockierte. Manchmal kommen Situationen auf uns zu, die uns Angst einjagen und uns unbeweglich machen, weil wir wie gefangen genommen werden. In diesen Momenten können wir uns kaum mehr konzentrieren und fühlen uns eingeschränkt. Gedanken können sich dann in einen Kreislauf verwandeln, der unsere Gefühle immer mehr in die Tiefe zieht. Das Böse liebt es, wenn es uns packen kann oder in die Enge treiben darf. Es ist seine Absicht, uns einzuschüchtern und uns von den guten Wegen abzuhalten. In diesem Moment der kompletten Blockade rief Jesus mitten im Sturm:

„Habt keine Angst! Ich bin es!" (Johannes 6,20).

Die Angst war heftig, aber in dem Moment, in dem Jesus mitten in die Angst hineinkam, wurde es ruhig und friedlich. Die Gegenwart Gottes hat eine unglaublich große Kraft und Macht, jede Angst zu durchbrechen. „Ich bin es!", sagte Jesus – der Mann, dem alle Gewalt im Himmel und auf der Erde gegeben ist.

Wenn die Angst dich überfällt, dann kennst du einen mächtigen Gott, der in diese beängstigende Situation hineinkommen kann. Wir haben eine starke Waffe, mit der wir jede Angst früher oder später besiegen können. In einem früheren Kapitel haben wir eine andere Sturmsituation auf dem See Genezareth beschrieben. Bei jenem Sturm hatte Jesus zuerst geschlafen und danach die Jünger gefragt, warum sie ihm denn nicht vertraut hatten.

Jede Situation in unserem Leben, die bei uns Angst auslöst, ist eine Chance, um unseren Fokus auf die Kraft Gottes auszurichten und ihm wirklich von Herzen zu vertrauen. Gott sucht auf der ganzen Erde nach Menschen, die ihm vertrauen und ihre Zuversicht in Jesus Christus setzen.

Nachdem Jesus auf dem Wasser erschienen war und sich mit „Ich bin es" vorgestellt hatte, fragte Petrus, ob er zu ihm aufs Wasser kommen könne. Wir können uns vorstellen, was die anderen Jünger in diesem Moment gedacht haben müssen. Wir nehmen mal an, dass sie von dieser Idee nicht so begeistert waren. Doch Jesus bat Petrus, zu ihm zu kommen. Dieser machte den mutigen Schritt über Bord und konnte tatsächlich auf dem Wasser gehen. Doch dann passierte es:

„Kaum war er bei ihm, da merkte Petrus, wie heftig der Sturm um sie tobte. Er erschrak, und im selben Augenblick begann er zu sinken" (Matthäus 14,30).

Zuerst fokussierte sich Petrus auf Jesus, doch dann wandte er seinen Blick weg von ihm und hin zum Sturm – und drohte zu sinken. In unserem Leben werden wir immer wieder mit Stürmen und schwierigen Situationen zurechtkommen müssen. Doch mitten in diesen Stürmen, wenn die Angst uns im Nacken sitzt, genau dann möchte Gott unseren Blick auf Jesus ausrichten. Wer in Krisen lernt, auf den Sohn Gottes zu blicken, der wird von seiner unterstützenden Kraft nicht enttäuscht werden. Menschen können dich im Stich lassen, sogar gute Freunde können dir im schlimmsten Moment den Rücken zuwenden, aber Gott selbst wird jederzeit als treuer Freund an deiner Seite stehen. Deshalb achte nicht auf die hohen Wellen, denn sie werden dir Angst einjagen. Schau auf Jesus und hole dir durch den Blickkontakt zu ihm die größte und stärkste Macht in deine stürmische Situation. Ganz am Ende dieser Geschichte lesen wir:

Wer in Krisen lernt, auf den Sohn Gottes zu blicken, der wird von seiner unterstützenden Kraft nicht enttäuscht werden.

„Da fielen sie alle vor Jesus nieder und riefen: ‚Du bist wirklich der Sohn Gottes!'" (Matthäus 14,33).

Gott wünscht sich einen Blickwechsel – und zwar weg von der Angst, hin auf Jesus Christus.

Ein Machtwort gegen die Angst

„Wer immer nur auf das passende Wetter wartet, wird nie säen; und wer ängstlich auf jede Wolke schaut, wird nie ernten" (Prediger 11,4).

Die Angst kann uns abhalten, das Gute in unserem Leben zu tun. Aber dieser Bibelvers hat uns immer wieder ermutigt, als Familie größere Schritte zu wagen. Mein Mann ist mir darin ein großes Vorbild. Er hat uns immer wieder tiefes Vertrauen in Jesus vorgelebt und ist uns als Leiter der Familie oftmals mit seinem Mut vorausgegangen. Sein mutiges Handeln hat uns als ganze Familie vorwärtsgebracht.

Wir konnten uns weiterentwickeln und plötzlich Dinge tun, die wir vorher nie getan hätten. Genauso war auch Petrus in der oben genannten Geschichte richtig mutig. Ja, er ist dann gesunken, aber er war dennoch der einzige Jünger, der ausgestiegen ist und sich aufs Wasser gewagt hat. Wer in der Kraft von Jesus Christus etwas wagt, der wird Wege gehen, die er sonst nicht gehen könnte.

Als Teenager war ich eine sehr ängstliche Persönlichkeit und war schnell total verunsichert. Doch mehr und mehr lernte ich, die Kraft von Jesus Christus in mein Leben fließen zu lassen. Zur Konfirmation schenkte mir unser Pfarrer den Vers aus den Psalmen:

„Der Herr ist mein Licht, er rettet mich. Vor wem sollte ich mich noch fürchten? Bei ihm bin ich geborgen wie in einer Burg. Vor wem sollte ich noch zittern und zagen?" (Psalm 27,1).

Ich war eine zittrige und verzagte Person. Doch Jesus Christus hat mich Schritt für Schritt befreit und ich konnte die Wahrheit meines Konfirmandenspruchs erleben. Wir sind überzeugt, dass Jesus auf diese Erde kam, um uns Menschen angstfrei in die Freiheit zu führen. Denn „sein ist die Kraft", so beten wir im Vaterunser. In diesem Sinn dürfen wir mutig werden und jegliche Unsicherheiten hinter uns lassen. Genau dazu brauchen wir in Zeiten der Angst eine Begegnung mit Jesus, bei der wir unsere Bedenken abgeben können und sie in übernatürliche Zuversicht verwandelt werden. Wir müssen niemals aus eigener Kraft mutig sein oder irgendeine Leistung erbringen. Das Entscheidende ist der Blickwechsel weg von der Angst hin auf Jesus Christus.

Mir hat es geholfen, diesen Blickwinkel zu trainieren. Wenn immer Angst in mein Leben kommt, gehe ich so bald wie möglich in meine Schreibstube. Dort rede ich mit Jesus. Ich knie nieder auf meinem Schemel und bringe die Angst zum Kreuz. Dann schreibe ich mein Anliegen in mein Gebetsbuch und danach proklamiere ich Gottes Wort über der Situation.

Wir haben schon in einem früheren Kapitel über die Kraft von Gottes Wort geschrieben. Als Familie entdeckten wir diese Kraft, als wir in Florida lebten. Damals saßen wir oft am Meer und beobachteten mit unseren Kindern die hohen Wellen im Meer. Es war ein gigantisches Schauspiel. Die Wellen waren meterhoch und schäumten mit wunderschönen Schaumkronen, bis sie sich dann mit einem Tosen überschlugen und letztendlich im Sand verliefen. Dieses Schauspiel zeigte eine unglaublich große Kraft der Natur.

Genauso hat Gottes Wort eine große Kraft und möchte wirken. Damals in Florida haben wir gelernt, Gottes Wort ganz neu laut in unser Leben auszusprechen. Wir realisierten, welch positive Macht darin liegt. So ermutigen wir dich, Gottes Wort auch in dein Leben zu sprechen. Wenn dich die Angst überfällt, bringe diese Sorge zu Jesus ans Kreuz und wähle dir einen Vers der Ermutigung aus. Setze deinen Namen ein und sprich ihn laut aus. Wir möchten dir dazu ein Bespiel geben:

„Seid stark und mutig, alle, die ihr auf den Herrn hofft!“ (Psalm 31,25).

Jetzt kannst du deinen Namen einsetzen:

Ich (dein Name) bin stark und mutig, alle, auch ich (dein Name), weil ich (dein Name) auf den Herrn hoffe!

Wenn wir Gottes Präsenz und seine Allmacht aussprechen, dann muss alles andere weichen. Wenn wir im Namen von Jesus Christus die Ängste durchbrechen, werden sie keine Macht mehr über uns haben, denn er ist stärker als unsere Ängste. Doch oft ist dies einfacher gesagt als getan. Ängste sind hinterlistig und können sich immer wieder auf den Weg zu uns machen. Deshalb ist es wichtig, wachsam und bereit zu sein. Je mehr wir die Ängste frühzeitig erkennen, desto schneller können wir richtig reagieren. Dabei dürfen wir wissen, dass Jesus jederzeit für uns da ist. Und das Geniale dabei ist, dass Jesus volles Verständnis hat. Er kennt unsere Ängste und er weiß, wie es ist, Angst zu haben. Die größte Angst musste nämlich er selbst erleben.

„Angst und tiefe Traurigkeit überfielen Jesus, und er sagte zu ihnen: ‚Ich zerbreche beinahe unter der Last, die ich zu tragen habe'" (Matthäus 26, 37b).

Jesus selbst wurde von einer großen Angst gequält. Deshalb kann er uns so gut verstehen. Er weiß, wie sich Angst anfühlt. Er kennt diese Gedanken, die man kaum mehr los wird, und er weiß, wie sich eine Panikattacke anfühlt. Ausweglos erscheinende Situationen können uns Menschen an den Rand unserer Kraft bringen. Sie schaffen es, Reaktionen in unserem Körper und in unserem Verhalten auszulösen, die andere Menschen sehr irritieren können. Selbst wenn unsere Sturmsituation eskaliert und wir menschlich gesehen keinen Ausweg mehr finden können, hat Gott doch immer noch eine Lösung. Manchmal fühlen wir uns so, als würden wir mit dem Rücken zur Wand stehen, doch wenn wir dann beten, dürfen wir entdecken, dass diese Wand Jesus ist und er mit seiner ganzen Kraft hinter uns steht. Lass dich niemals unterkriegen, sondern bringe deine Angst ans Kreuz und lass dich mit Zuversicht und Mut erfüllen.

Selbst wenn unsere Sturmsituation eskaliert und wir menschlich gesehen keinen Ausweg mehr finden können, hat Gott doch immer noch eine Lösung.

Wenn wir quer durch die Bibel die Glaubenshelden beobachten, können wir Menschen wie dich und mich sehen, die auch Angst hatten. Jeder hatte seine eigenen Herausforderungen, aber wenn sie einen Sieg erringen konnten, dann war immer die mächtige Kraft Gottes im Spiel. Wir Menschen müssen unser Leben nicht selbst im Griff haben. Wir dürfen schwach und manchmal auch hilflos sein. Aber wenn wir unseren Fokus auf Gott ausrichten, kann sich diese Schwachheit durch göttliche Kraft in ein unglaublich mutiges und siegreiches Handeln verwanden.

Uns gefällt die Geschichte von Königin Esther. Wir finden sie im Alten Testament. Damals wollte Haman, ein Beamter von König Xerxes, alle Juden im Land vernichten. Die Königin selbst war auch eine Jüdin, nur wusste der König nichts davon. Als dieser mächtige Herrscher dann total blauäugig ein Edikt gegen die Juden unterschreiben ließ, kamen alle Juden und auch die Königin unter Druck. Wir lesen im Buch von Esther:

„Da geriet die Königin **sehr** *in Angst" (Esther 4,4b; Hervorh. d. V.).*

Die Königin hatte nicht nur ein bisschen Angst. Sie musste plötzlich um ihr Leben bangen. Doch sie entschied sich in diesem Moment zu beten und zu fasten. Was für eine Königin! Obwohl sie unglaublich schöne Kleider und den wertvollsten Schmuck tragen konnte, erlebte diese Frau die größte Angst in ihrem Leben. Todesangst.

Aber genau in diesem Moment stellte sie sich der Angst und ging ins Gebet. Uns gefällt die Handlung dieser Königin. Sie ließ sich von der Angst nicht in die Enge treiben oder in Versuchung führen, eine unüberlegte Tat zu tun. Sie zog sich zurück zum Fasten und Beten. Die Königin meinte es ernst. Und durch die Kraft Gottes bekam sie eine unglaubliche Weisheit, um mutig zur richtigen Zeit und in der richtigen Art und Weise beim König vorzusprechen. Esther bekam Mut und machte den Schritt vor den König. Hätte der Herrscher ihr das Zepter nicht entgegengestreckt, wäre sie eine tote Frau gewesen. Gott hatte ihr Herz mit einem unglaublich kraftvollen Mut erfüllt.

Je mehr wir unsere Schwäche erkennen, desto mehr Raum werden wir der alles übertreffenden Stärke Gottes geben. Wir müssen unseren Mut nicht selbst produzieren, er ist ein Geschenk, den Gott uns in unser Herz legen will. Schritt für Schritt haben wir Menschen die Möglichkeit, an göttlicher Zuversicht und somit übernatürlichem Mut zu wachsen. Dabei können wir uns immer wieder an Jesus orientieren und von ihm lernen. Es wird leider immer wieder Momente geben, die uns einschüchtern wollen. Wenn wir einen Schritt der Zuversicht vorwärtsgehen, müssen wir mit Hindernissen rechnen, die uns wieder zurück in die Mutlosigkeit werfen möchten. Das Böse will keine mutigen Menschen sehen, die in der Kraft Gottes ihren Lebensweg gehen. Aus diesem Grund ist die Orientierung an Jesus so wichtig. Wer den Fokus auf ihn ausrichtet, der wird göttliche Zuversicht für jede Lebenslage finden.

Jesus selbst wurde immer wieder belächelt und angegriffen. Einmal wurden die Zuhörer in der Synagoge wütend und schleppten Jesus zur Stadt hinaus. Sie brachten ihn zu einem Steilhang und wollten ihn dort den Hang hinunterstoßen. Bestimmt war das eine furchterregende Situation für den Sohn Gottes. Aber wie reagierte Jesus?

„Doch Jesus ging mitten durch die aufgebrachte Volksmenge hindurch und zog weiter, ohne dass jemand ihn aufhielt" (Lukas 4,30).

Jesus bewies großen Mut in dieser Situation. Er ließ sich nicht einschüchtern oder auf dem Weg aufhalten, den Gott für ihn bestimmt hatte. Er stellte sich der Situation und ging mutig mit erhobenem Haupt seinen Weg. Wie oft lassen sich Menschen von anderen Menschen abhalten. Kritische Bemerkungen oder unvorsichtige Handlungen können Angst einflößen und negative Gefühle auslösen. Nur ein Wort kann einen gedanklich in die falsche Richtung lenken und plötzlich werden Entscheidungen getroffen, die eigentlich nicht geplant waren. Werde dir bewusst, wie Menschen dich aufhalten oder ablenken können. Lass dich davon nicht beirren, sondern gehe mutig deinen Weg.

Jesus hatte seinen Fokus immer auf seinen Vater im Himmel ausgerichtet. Er kannte seine Aufgaben auf dieser Welt glasklar und ließ sich dabei nicht von Menschen und deren Worten beeinflussen. Ängste können uns in die falsche Richtung treiben und das Herz in

Gefangenschaft nehmen. Doch die Bibel spricht immer wieder von der Freiheit. Im Neuen Testament lesen wir:

„Gott hat mir nicht den Geist der Furcht gegeben, sondern der Kraft und der Liebe und der Besonnenheit" (2. Timotheus 1,7).

Der Geist Gottes ist stark und möchte sich in unseren Herzen ausbreiten. Deshalb ist es so wichtig, die Angst bei Jesus abzugeben und loszulassen. Danach besteht die Möglichkeit, Neues zu empfangen und das Herz mit dem Geist der Zuversicht zu füllen. Wer göttliche Zuversicht in sein Herz füllen lässt, wird mit Kraft, Liebe und Besonnenheit gesegnet werden.

Jesus selbst war sehr entspannt und hat aus der Ruhe heraus kraftvolle Entscheidungen getroffen. Wenn wir Jesus tatsächlich ähnlicher werden möchten, braucht es die Bereitschaft, unser Leben von Besonnenheit und Liebe prägen zu lassen. Nur so können wir entspannt und in Frieden unseren Weg geradlinig gehen. Jesus erinnert uns immer wieder daran, sich nicht zu fürchten. Die Worte „Fürchte dich nicht" finden wir in den Evangelien sehr häufig. Jesus spricht sogar zum Thema Todesangst:

„Meine Freunde! Habt keine Angst vor den Menschen, die euch zwar töten, aber darüber hinaus nichts anhaben können! Ich will euch sagen, wen ihr wirklich fürchten sollt: Fürchtet Gott […]. Ja, fürchtet ihn allein" (Lukas 12,4-5).

Jesus sagt an dieser Stelle klare Worte. Menschen können einander in ganz schwierige Bedrängnisse führen. Es wird ihnen jedoch niemals gelingen, die Seele ihrer Mitmenschen zu töten. Kinder Gottes kann man nicht vernichten, denn sie sind es wert, in Ewigkeit für Gott zu leben (vgl. Matthäus 10,28). Christen werden auf dieser Welt verfolgt und es wird eine grausame Furcht auf sie gelegt. Aber letztendlich kann niemand diese eingeschüchterten Menschen aus der Hand Gottes reißen. Jesus nennt uns Freunde. Da ist eine enge Verbundenheit, die durch nichts zerstört werden kann. Gleichzeitig ruft Jesus an dieser Stelle auf, seinem Vater mit Respekt zu begegnen und ihn zu fürchten. Somit führt uns das Thema Angst zur Gottesfurcht. Jesus erklärt uns, wie die Angst in dieser Welt zu verstehen ist. Wir brauchen uns nicht vor Menschen zu fürchten, sondern unser Respekt soll alleine Gott gehören. Er hat es verdient, respektvoll und ehrwürdig behandelt zu werden. Je mehr wir die Verbindung zu ihm vertiefen, desto mehr werden wir seine Allmacht erkennen und ihm die größte Ehre geben. Wer sein Vertrauen in Gott setzt, wird die menschliche Angst verlieren und in göttlicher Zuversicht das Größere tun können. Auch Paulus erinnert uns daran:

„Bleibt wachsam und steht fest im Glauben! Seid entschlossen und stark!“ (1. Korinther 16,13).

Nicht die Menschen um dich herum oder deine eigene Leistung werden dich stark machen. Alleine die Beziehung zu deinem großartigen Gott wird Stärke und Sicherheit in dein Leben bringen. Aus diesem Grund sind das Wachsein und das Feststehen im Glauben so wichtig. Entschlossenheit kommt durch ein tiefes Vertrauen in Gott.

So ermutigen wir dich, wachsam zu sein. Öffne deine Augen und Ohren für den Glauben an Gott. Investiere deine Zeit in die Beziehung zu deinem Vater, der dich so sehr liebt, und lasse durch diese Verbindung den stärksten Mut in dein Leben fließen. Wer einen respektvollen Umgang mit Gott pflegt, wird mutig und standhaft den richtigen Weg gehen können. Manche Menschen haben Angst, Entscheidungen zu treffen, weil sie Bedenken haben, sie könnten etwas verpassen. Wenn du jedoch in der Kraft Gottes deine Entscheidungen fällst, dann wirst du nicht enttäuscht werden. Vertraue deinem Gott und glaube an ihn. Er möchte dir bei den Entscheidungen helfen und dir Mut zur Entscheidungsfindung geben. Arbeite mit Gott wie mit einem Freund zusammen und halte dich an seiner Hand fest. Wir lesen in der Bibel:

„Sei mutig und entschlossen! Lass dich nicht einschüchtern und hab keine Angst! Denn ich, der Herr, dein Gott, stehe dir bei, wohin du auch gehst" (Josua 1,9).

Gott erwartet nicht, dass wir aus eigener Kraft mutig werden. Er hat alles vorbereitet und möchte mit seiner Hand den Mut in unsere Herzen pflanzen. Je mehr du dich von ihm zurüsten lässt, desto mehr wirst du mutig in seinen Wegen wandeln.

KAPITEL 11:

MANGEL ERKENNEN – SEGEN EMPFANGEN

… und die Herrlichkeit …

Manchmal gibt es Situationen im Leben, in denen wir einen großen Mangel entdecken. Uns mangelt es an etwas, das wir bräuchten, um das umzusetzen, was wir eigentlich tun möchten. Es sind die Momente, in denen Dinge fehlen wie Verständnis füreinander oder Ressourcen wie Zeit, Geld oder Arbeitskräfte. Gerade wenn wir das Reich Gottes voranbringen möchten, dann mangelt es oft an so vielem.

Dan und ich gebrauchen oft das Bild von einem Würfel. Ich weiß nicht, ob du schon entdeckt hast, dass die gegenüberliegenden Zahlen eines Würfels in ihrer Summe immer die Zahl Sieben ergeben. In der Bibel steht die Zahl sieben für Vollkommenheit.

Genauso ist es in unserem Leben. Wenn wir zum Beispiel nur eine Zwei gewürfelt haben, dann möchte uns Gott durch seine Kraft den fehlenden Rest, nämlich die Zahl Fünf, geben. Er möchte hinzufügen, was uns fehlt, damit es in der Summe vollkommen werden kann. Wir müssen nicht mit unserer eigenen Leistung das Reich Gottes bauen. Wir dürfen ganz entspannt das geben, was wir haben, und unseren Mangel von Gott mit seiner übernatürlichen Kraft und Liebe auffüllen lassen. Je mehr wir unsere eigene Schwachheit – und somit unseren

Mangel – erkennen, und unsere Unvollkommenheit Gott hinstrecken, desto mehr hat er die Möglichkeit, uns mit Gutem und Vollkommenem zu beschenken. Im Vaterunser lehrt uns Jesus:

„[Denn dein ist] die Herrlichkeit.“

Gott allein gehört die Herrlichkeit. Das Wort „Herrlichkeit“ bedeutet „Ehre“ und „Ruhm“, aber auch „Glanz“ und „Pracht“. Ebenso kann das Wort „Herrlichkeit“ auch als Ausstrahlungskraft gedeutet werden, die einen Herrn umgibt, der eine wirklich beeindruckende Herrschaft ausübt. Gott ist der Vater der Herrlichkeit (vgl. Epheser 1,17), deshalb steht ihm die Herrschaft über alles zu. Der Allmächtige ist der Erzeuger der Herrlichkeit und somit würdig, verherrlicht zu werden. Im Neuen Testament lesen wir im Hebräerbrief:

„In dem Sohn zeigt sich die göttliche Herrlichkeit seines Vaters“ (Hebräer 3,1).

Wer Jesus betrachtet, kann folglich Gottes Herrlichkeit und Schönheit sehen. Wir haben in diesem Buch schon viele wertvolle Punkte über Jesus erfahren, und wenn wir uns mit seinem Leben beschäftigen, dann finden wir darin so viel Schönheit und Exzellenz. Auf dem Verklärungsberg, kurz vor der Kreuzigung, konnten die engsten Freunde von Jesus sogar noch ein Stück mehr von der Herrlichkeit Gottes sehen. Sie sahen Jesus für einen kurzen Augenblick in seiner himmlischen Verklärung, und es war für sie so unbeschreiblich schön, dass sie am liebsten in ihr verweilen wollten. Es geschah Folgendes:

„Und als er betete, wurde das Aussehen seines Angesichts ein anderes, und sein Gewand wurde weiß und glänzte“ (Lukas 9,32).

Gottes Herrlichkeit ist kraftvoll und wunderschön. In seiner Gegenwart liegt eine unglaublich große Kraft, aber auch eine atemberaubende Schönheit, und genau diese Schönheit darf auch in dein Leben hineinfließen. Paulus fordert uns Christen im Neuen Testament auf, die Herrlichkeit Gottes auszustrahlen. Wir lesen in der Bibel:

„Denn er beruft euch dazu, in seinem Reich zu leben und seine Herrlichkeit mit ihm zu teilen“ (1. Thessalonicher 2,12).

Herrlich unvollkommen

Wir Christen sind also zur Herrlichkeit berufen. Das bedeutet nicht, dass wir uns selbst unsere Herrlichkeit erarbeiten und diese dann krampfhaft weitergeben müssen. Es bedeutet vielmehr, Jesus Christus, der in uns Christen lebt, durch uns hindurchstrahlen zu lassen. Jesus lebt in uns, deshalb haben wir eine feste Hoffnung, weil Gott uns durch ihn Anteil an seiner Herrlichkeit gibt (vgl. Kolosser 1,27). Gottes Liebe, seine Kraft und seine Herrlichkeit sind bereits in unseren Herzen und wir haben die Ehre, davon etwas nehmen und es weitergeben zu dürfen. Wir dürfen also ganz entspannt sein und all das Gute, das Gott uns schenkt, annehmen.

Jesus war oft mit seinen Jüngern unterwegs. Er hatte damals zwölf Männer in sein Team berufen, die seine Freunde wurden. Doch diese Freunde von Jesus hatten auch alle ihre Stärken und Schwächen. Jeder kannte seinen Mangel oder lernte diesen spätestens durch die Gemeinschaft mit Jesus kennen. Da war zum Beispiel Simon Petrus. Er war sehr mutig, das musste man ihm lassen – wir haben uns in diesem Buch ja bereits die Geschichte mit seinen Gehversuchen auf dem Wasser angeschaut. Simon Petrus gehörte zu den Lieblingsjüngern von Jesus und war immer ganz nah an ihm dran. Einmal sagte er sogar:

„Selbst wenn ich sterben müsste, werde ich dich nicht verleugnen!“ (Matthäus 26,35).

Doch kurze Zeit später verleugnete er Jesus dreimal – so wie Jesus es ihm vorher angekündigt hatte (vgl. Matthäus 26,32). Simon Petrus hat einen Fehler gemacht. Und nicht nur das: Er hat dreimal denselben Fehler gemacht!

Interessant ist jedoch, dass Jesus ihn trotzdem nicht fallen ließ.

Obwohl er als sein enger Freund und Jünger im schwierigsten Moment nicht zu ihm gestanden und ihn einfach den Römern überlassen hatte, glaubte Jesus immer noch an Petrus. Jesus sah den großen Mangel und obwohl er in seinem Herzen wahrscheinlich tief verletzt war, gab er diesem vorschnellen Jünger nach seinem Versagen noch eine Möglichkeit, sich weiterzuentwickeln.

Ja, Gott baut sein Reich mit Menschen, die Stärken und Schwächen haben. Gott sucht nicht die perfekten Christen, denn seine Kirche ist kein Schaufenster mit Heiligen. Er sucht nach Menschen, die ihre Schwächen haben, aber bereit sind, ihren Mangel mit göttlicher Kraft ausfüllen zu lassen.

Einige Zeit später predigte derselbe Petrus, der in dieser Situation so versagt hatte, vor 3.000 Menschen und etwas Gewaltiges geschah: die Ausgießung des Heiligen Geistes, das, waswir heute Pfingsten nennen.

Jesus selbst hatte sogar zu ihm gesagt, dass er der Fels sei, auf dem er seine Gemeinde bauen wolle (vgl. Matthäus 16,18-19). Wow, da wird ein großes Vertrauen in diese Person ausgesprochen. An dieser Stelle können wir von Jesus lernen, dass es im Reich Gottes niemals um ein fehlerfreies Leben geht. Jeder Mensch hat seine Stärken und Schwächen und erlebt Momente, in denen Fehler passieren und sein Mangel zum Vorschein kommt.

Leider begegnen wir immer wieder Christen, die nach begangenen Fehlern in großen Schuldgefühlen feststecken und tatsächlich denken, dass Gott sie nun nicht mehr gebrauchen kann. Vielleicht wurdest du auch so geprägt. Diese Schuldgefühle sind jedoch nicht berechtigt, denn Jesus denkt anders über uns Menschen. Er nimmt uns trotz unserer Fehler und Mangelhaftigkeit in seinen Dienst. Jesus sucht nicht nach den perfekten

Jesus sucht nicht nach den perfekten Nachfolgern, er möchte Menschen, die sich ihren Mangel eingestehen und wissen, dass sie den Sohn Gottes brauchen.

Nachfolgern, er möchte Menschen, die sich ihren Mangel eingestehen und wissen, dass sie den Sohn Gottes brauchen.

Im Team von Jesus finden wir unter anderen auch die „Donnersöhne" Johannes und Jakobus. Sie trugen ihren Beinamen sicherlich deshalb, weil er ihrem Charakter entsprach. Es werden aufbrausende und jähzornige Jungs gewesen sein, denen es an Geduld und Rücksichtnahme auf die anderen fehlte. Auch sie brachten einen bemerkenswerten Mangel in das Team von Jesus Christus, dem Sohn Gottes.

Dazu kam noch Levi Matthäus, ein Zolleinnehmer. Die Zöllner arbeiteten mit der verhassten Besatzungsmacht, den Römern, zusammen und verlangten meistens zu hohe Zollgebühren. Sie galten allein deshalb als Sünder. Stell dir vor, ein solcher Mann war im Team von Jesus! Es mangelte ihm an Vertrauenswürdigkeit und Anstand und doch gehörte er dazu.

Und dann war da auch noch „Simon, der Zelot". Die „Zeloten" kämpften damals mit allen Mitteln gegen die Römer. Mord war ihr Hobby. „Simon, dem Zeloten" mangelte es sicherlich an Friedfertigkeit und Liebe.

Und schließlich gab es da noch den anderen Jakobus. Er war ein ruhiger und stiller Typ. Ihm fehlte es vielleicht mehr an einer guten Kommunikationsfähigkeit und Offenheit. Ein weiterer Jünger war Thomas. Er wurde später auch „der Zweifler" genannt. Thomas sagte nach den Auferstehungsgerüchten zu seinen Freunden:

„Wenn ich nicht in seinen Händen das Mal der Nägel sehe und meine Finger in das Mal der Nägel lege und lege meine Hand in seine Seite, so werde ich nicht glauben" (Johannes 20,25).

Thomas zweifelte an der Auferstehung Jesu. Er konnte es einfach nicht glauben. Es mangelte ihm an Glaube und Vertrauen.

Und der Jünger Judas Iskariot? Er veruntreute das gemeinsame Geld der Jünger und er war es, der Jesus an die Römer auslieferte.

Später beging er deshalb Selbstmord. Es fehlte ihm ganz offensichtlich an Loyalität und Vertrauenswürdigkeit.

Wenn wir uns das Team von Jesus anschauen, dann sehen wir Menschen mit Fehlern und Schwächen – und genau auf diese Menschen hat Jesus gebaut.

Mangelhafte Schafe, denen es an nichts mangelt

Gerade in christlichen Gemeinden sind die Ansprüche an die anderen manchmal sehr hoch. Man hat zu hohe Erwartungen an die Mitmenschen und vor allem auch an die Pastoren. Wenn dann ein Fehler bemerkt wird, ist es gleich eine große Katastrophe und Beziehungen brechen auseinander.

Jeder Christ bringt seinen eigenen inneren Mangel in die Gemeinde mit. Wenn Menschen dann von anderen Christen erwarten, dass diese ihren Mangel ausfüllen, wird dies nicht funktionieren. Menschen können ihren inneren Mangel nicht selbst in den Griff bekommen. Deshalb lesen wir in der Bibel:

„Der Herr ist mein Hirte, mir wird nichts mangeln" (Psalm 23,1).

Gott selbst möchte unser Hirte sein, der sich um unseren Mangel kümmert. Im Hebräischen bedeutet der Begriff roi (Hirte): „beobachten" und „sich mit etwas befassen". Ein Hirte ist ständig damit beschäftigt, seine Herde zu beobachten, denn nur so kann er sehen, ob es allen Schafen gut geht. Ein Hirte hat außerdem eine große Weitsicht und sucht immer wieder neue Weideplätze und vor allem einen guten Weg dorthin. Seine Augen sind auf die Schafe fokussiert. Liebevoll beobachtet er seine Tiere. Jesus selbst sagte über sich:

„Ich bin der gute Hirte. Ein guter Hirte setzt sein Leben für die Schafe ein" (Johannes 10,8).

Die Augen des dreieinigen Gottes sind ständig auf dich gerichtet und er schaut für dich in die Weite auf der Suche nach der besten Versorgung. Vielleicht hast du manchmal den Eindruck, als würde sich kein Mensch um dich kümmern und als wäre niemand da, der sich wirklich für deine Situation interessiert. Doch Gott hat dich im Blick. Liebevoll steht er an deiner Seite und möchte dein Hirte sein, der dich führt und betreut. Er kennt deinen Mangel und möchte diesen mit seiner Gegenwart und Liebe ausfüllen.

Wenn die Bibel uns sagt, dass es uns durch Gottes Kraft an nichts mangeln werde, dann dürfen wir das glauben und annehmen. Jesus hat sogar sein Leben für uns eingesetzt. In der oben genannten Bibelstelle wird im Griechischen für „Leben" das Wort „psyche" gebraucht, das die Seele meint. Jesus gibt in diesem Sinne also seine ganze Seele für seine Schafe.

Kürzlich erzählte uns Hans, der Mann von Dans Schwester, wie er als Bauer jeden Abend, bevor er ins Bett geht, noch mal einen kurzen Besuch im Kuhstall macht. Er geht bei seinen Kühen vorbei, sagt ihnen Gute Nacht und schaut gleichzeitig, ob alles in Ordnung ist. Außerdem spricht er ein Segensgebet über seinem Kuhstall aus und bittet dabei Gott, dass seine Tiere über Nacht beschützt bleiben mögen.

Diese Geschichte hat uns fasziniert, denn da gibt es eine liebevolle Beziehung zwischen Bauer und Tieren. Genauso ist Jesus. Er ist der gute Hirte, der für seine Schafe da ist. Er sorgt sich nicht einfach nur um ausreichend Essen und Trinken, sondern bei ihm finden wir eine herzliche Liebe. Über Jesus als Hirten finden wir bereits im Alten Testament eine Prophetie:

„Er wird seine Herde weiden wie ein Hirte. Er wird die Lämmer in seinem Arm sammeln und im Bausch seines Gewandes tragen und die Mutterschafe führen" (Jesaja 40,11).

Wie schön, wenn wir dieses Bild vor uns sehen, wie ein Hirte ein kleines Schaf in seinen Mantel steckt, und es behutsam trägt. Genau so ist unser Jesus. Trotz unserer Schwächen nimmt er uns liebevoll in seinen Arm. Er trägt uns genau dort, wo wir schwach sind, und er möchte unsere innere Leere mit seiner Liebe und seiner Geborgenheit auffüllen.

Und die Mutterschafe bekommen eine besondere Aufgabe. Dort, wo uns die Weisheit fehlt und wir den Weg nicht kennen, genau dort möchte Jesus uns führen und leiten. Wir müssen unsere Leiterschaft nicht nach eigener Regie ausführen. So lade ich dich ein, auf die Stimme des Hirten zu hören und seinen liebevollen Anweisungen für dein Leben zu folgen. Vertraue deinem Hirten, denn er kann deinen Mangel ausfüllen.

Leider erleben wir immer wieder Menschen, die Erfüllung oder die perfekte Ergänzung von ihren Mitmenschen erwarten. Sie wünschen sich von ihrem Ehepartner, ihren Freunden oder gar von ihrem Pastor ein erfülltes Leben. Sie glauben tatsächlich, dass andere Menschen ihr inneres Vakuum füllen und ihren Hunger nach Liebe und tiefer Erfüllung stillen können. Doch alle Menschen um uns herum sind mit diesen Erwartungen überfordert. Nur Gott allein kann unseren inneren Hunger wirklich stillen. Dietrich Bonhoeffer sagte einmal:

„Hätte Jesus nicht gelebt, dann wäre unser Leben trotz aller anderen Menschen, die wir kennen, verehren und lieben sinnlos."

Verwurzelt in vollkommener Liebe

Wir brauchen Jesus als unseren Hirten. Wir brauchen Gottes Liebe und seine Gegenwart und aus dieser Erfüllung heraus können wir leben. Jesus benutzte an anderer Stelle das Bild vom Weinstock:

„Ich bin der Weinstock, ihr seid die Reben. Wer in mir bleibt und ich in ihm, der bringt viel Frucht, denn getrennt von mir könnt ihr nichts tun" (Johannes 15,5; Elberfelder).

Ich wünschte mir, ich hätte diese Wahrheit früher entdeckt. Wir haben die Möglichkeit, durch diese Verbindung in Gott zu leben und in ihm zu verweilen. In diesem Verweilen in Gott, durch die Verbindung zu Jesus Christus, liegt die große Kraft und daraus kommen Gunst, Segen sowie Erfüllung.

Seitdem ich damit angefangen habe, in Gott zu verweilen und bewusst in seiner Gegenwart zu bleiben, habe ich an innerer Stärke zugenommen.

Das Lesen von Gottes Wort und das Nachsinnen darüber bringen Kraft und Stärke. Dan beispielsweise nutzt die Zeit des Autofahrens sowie die Zeit auf seinem Crosstrainer, um Predigten aus aller Welt zu hören. Und auch er verbringt viel Zeit mit der Bibel. Das stärkt seinen Glauben.

Vorher fühlte ich mich oft schwach und unfähig. Doch durch das Verweilen in der Gegenwart Gottes konnte ich tiefe Erfüllung in meinem Inneren finden. Deshalb kann uns heute nichts mehr so schnell aus der Bahn werfen. Wir dürfen in diesem Weinstock ruhen und ich kann deshalb total entspannt meinen Lebensweg gehen. Dabei hat mir auch noch ein Vers aus den Psalmen sehr geholfen und mir meinen Horizont erweitert:

„Die gepflanzt sind im Haus des Herrn, werden grünen in den Vorhöfen unseres Gottes“ (Psalm 92,14; Elberfelder Übersetzung).

Das Haus des Herrn ist die Gemeinschaft mit Gott, und genau diese Gemeinschaft macht uns im Tiefsten wirklich glücklich. Wer in dieser Verbindung verwurzelt ist, der wird grünen und wachsen wie eine schöne Pflanze. Wenn du eine intensive und bereichernde Beziehung mit Gott haben möchtest, dann braucht es dieses Verweilen in seiner Gegenwart. Dabei geht es darum, Zeit mit dem Allmächtigen zu verbringen und entspannt mit ihm zu leben.

Manche Christen besuchen nur am Sonntag die Kirche, um dort kurz an Gott zu denken, und während der Woche vergessen sie ihn dann wieder. Gott hat aber viel mehr für dich geplant. Er wünscht sich deine Nähe zu ihm in jeder Lebenssituation. Deshalb ist unsere Frage an dich: Bist du an diesen Weinstock angeschlossen und verweilst du schon in der Gegenwart Gottes?

Jesus sagt uns an dieser Stelle ganz deutlich, wie wir ohne ihn nichts tun können. Alles, was du aus eigener Kraft für das Reich Gottes tust, wird in diesem Sinne wertlos, denn du selbst bist es nicht, der die Früchte erzeugen kann. Je mehr du das Verweilen in Jesus Christus lernst, desto mehr Kraft wird in dein Leben fließen. Und dann werden echte und „genießbare" Früchte aus deinem geistlichen Leben wachsen können.

Je mehr du das Verweilen in Jesus Christus lernst, desto mehr Kraft wird in dein Leben fließen.

Zu diesen Früchten gehören Liebe, Geduld, Frieden, Gunst, Ruhe, Kraft usw. (vgl. Galater 5,22). Gott hält so viel Gutes für dich bereit. Er möchte dich jeden Tag mit übernatürlichem Segen beschenken. Um diese Geschenke zu bekommen, müssen wir nicht zuerst irgendeine eine besondere Tat erledigen. Gott möchte einfach nur, dass wir in ihm ruhen und aus dieser inneren Stärke heraus können wir dann in seinem Sinne auf die Dinge reagieren, die uns begegnen.

Als unsere Kinder sieben und acht Jahre alt waren, hatte ich einmal einen sehr stressigen Tag. Ich war nicht gut drauf, und kurz bevor die eingeladenen Gäste ankommen sollten, waren immer noch nicht alle Dinge im Haus erledigt. Ich konnte meinen Zeitplan nicht einhalten. Das ärgerte mich extrem und jeder, der mir über den Weg lief, wurde in einem scharfen Ton angewiesen, in diesem Haus aufzuräumen.

Dann kam der Besuch. Selbstverständlich war ich sofort sehr freundlich zu unseren Gästen und wir verbrachten einen schönen Abend. Als sich unsere Gäste später wieder verabschiedet hatten und unsere Kinder bereits im Bett lagen, bekam ich ein schlechtes Gewissen. Ich hatte mich den Kindern gegenüber wirklich nicht gut verhalten. Also ging ich noch mal in ihr Zimmer, um mich bei ihnen zu entschuldigen.

Ich stand vor ihren Betten und sagte: „Hey Kids, eure Mama hat es heute nicht gut gemacht! Es tut mir leid und ich bitte euch um Vergebung." Da schauten mich zwei knuffige Kinderaugen von meinem Sohn an, und er sagte lächelnd: „Ist okay, Mama! Weißt du, ich habe gerade eben gebetet, dass du noch vorbeikommst und dich bei uns entschuldigst."

Unser Sohn war in jener Situation tief in Jesus verwurzelt. Er verweilte in der Gegenwart Gottes und konnte deshalb souverän und gelassen reagieren.

Gerade in stressigen Situationen, wenn der eigene Mangel uns so richtig bewusst wird, stehen wir in der Gefahr, eben nicht mehr in Jesus zu bleiben, sondern die Situation selbst in die Hand zu nehmen. Dabei werden wir ganz aufgeregt und zeigen Reaktionen, die unseren Gegenüber einfach nur verletzen und traurig machen.

Je mehr wir lernen, in der Gegenwart Gottes zu verweilen, desto mehr werden wir Gottes Wirken in unserem Leben erfahren. Jesus sagt uns im Markusevangelium:

„Achtet sorgfältig auf das, was ich euch sage! In dem Maß, wie ihr auf meine Worte hört, wird euch Gott Verständnis schenken, ja noch weit darüber hinaus. Denn wer meine Worte begreift, der wird noch mehr Einsicht bekommen" (Markus 4,21).

Unser ganzes Leben lang sollen wir jeden Tag an Erkenntnis und Einsicht gewinnen. Wer lernt, Gottes Wort zu lesen und es in sein Leben hineinzusprechen, der wird sehen, dass eine geistliche Weiterentwicklung stattfindet.

Wir hören immer wieder von Christen, dass sie gerne geistlich wachsen und an Erkenntnissen zunehmen möchten. Doch der einzige Schlüssel dafür ist, Gottes Wort zu lesen und mit diesen Worten in seiner Gegenwart zu verweilen.

Und genau diese Sache kann man nicht einfach an jemand anderen delegieren. Wenn du mehr Erkenntnisse gewinnen möchtest, dann braucht es dein persönliches Verweilen in der Gegenwart Gottes. Wer lernt, auf die göttliche Stimme und sein Wort zu hören, der wird neue Wege entdecken.

Jesus wünscht sich, dass wir seine Worte nicht nur hören, sondern sie auch wirklich begreifen. Denn wenn wir Jesus wirklich verstehen, dann werden wir nicht mehr unsere Zeit verschwenden, indem wir negativ über andere Menschen sprechen oder der Eifersucht in unserem Leben Raum geben. Wenn wir die Worte Jesu tief in unseren Herzen begreifen, dann werden wir täglich die Zeit nutzen und echte Frucht in unserem Leben wachsen lassen und Stück für Stück den Willen Gottes erkennen.

Gott möchte Wachstum und Weiterentwicklung in unserem Leben sehen. Er wünscht sich Fortschritte und keine Rückschritte. Das Reich Gottes und unser Leben sollen ständig in Bewegung sein und sich zum Positiven weiterentwickeln. Doch leider bleiben viele Christen irgendwann in ihrem Glaubensleben stehen. Sie entwickeln sich nicht mehr weiter und machen mehr Rückschritte als Fortschritte.

Jesus fordert uns auf, uns nach noch mehr Einsicht auszustrecken. Je mehr ein Mensch in Christus verwurzelt ist, desto mehr Erkenntnisse wird er bekommen. Und noch etwas anderes verheißt er uns. So heißt es bei der Stelle vom Weinstock weiter:

„Wenn ihr aber fest mit mir **verbunden bleibt** *und euch meine* ***Worte zu Herzen nehmt, dürft ihr von Gott erbitten, was ihr wollt; ihr werdet es erhalten. Wenn ihr viel Frucht bringt und euch so als meine Jünger erweist, wird die Herrlichkeit meines Vaters sichtbar“ (Johannes 15,7-8; Hervorh. d. V.).***

Wow, was für ein Versprechen! Wir Christen können tatsächlich glauben, dass unsere Gebete erhört werden und wir als Menschen die Herrlichkeit Gottes widerspiegeln dürfen. In diesen Lebensstil dürfen wir hineinwachsen. Das „Bodenpersonal Gottes“ kann auf dieser Erde seine Liebe widerspiegeln. Doch leider werden wir oft ausgerechnet von anderen Christen bitter enttäuscht, weil sie alles andere als ein Abglanz Gottes sind. Wie kann das passieren?

Lass die Früchte wachsen!

Wenn Christen nicht in der Liebe Gottes verwurzelt bleiben, dann werden sie in schwierigen Situationen nicht gelassen reagieren können. Sie laufen davon, wenn es Konflikte gibt, und sie sind nicht bereit, einander zu vergeben. Sie lügen, rasten aus oder reagieren merkwürdig, weil sie möglicherweise eifersüchtig oder stolz sind. Sie können deshalb keine guten Früchte tragen, stattdessen ist ihr Baum gefüllt mit faulen Früchten.

Aus eigener Kraft kann kein Mensch den Willen Gottes tun. Selbst Jesus brauchte diese tiefe Verbindung zu seinem Vater im Himmel. Wenn du jedoch mit Christus verbunden bist, dann liegt eine großartige Verheißung auf deinem Leben. Einerseits liegt ein großes Versprechen auf der Erfüllung deiner Fürbittengebete. Gott wird das Gebet der Aufrichtigen und Demütigen zur richtigen Zeit erfüllen. So bitte Gott um deine Anliegen und vertraue ihm, dass er sie zur gegebenen Zeit erfüllen wird. Andererseits wirst du tatsächlich mit deinen guten Früchten Gottes Herrlichkeit auf dieser Welt demonstrieren. Auch Paulus ruft uns dazu auf:

„Denn er beruft euch dazu, in seinem Reich zu leben und seine Herrlichkeit mit ihm zu teilen“ (1. Thessalonicher 2,12).

Du bist berufen! Du bist berufen, an dieser Herrlichkeit teilzuhaben. Und zwar an der Herrlichkeit des allmächtigen, allwissenden und allgegenwärtigen Gottes! Genau diese Herrlichkeit darfst du mit ihm teilen. Je mehr wir diese Wahrheit erkennen, desto mehr werden wir unseren Mangel in Gottes Hände legen können und wirklich seine Erfüllung erwarten. Paulus erinnert uns immer wieder daran, wie groß und mächtig Gott ist. Wir lesen in der Bibel:

„Gott aber kann viel mehr tun, als wir jemals von ihm erbitten oder uns auch nur vorstellen können" (Epheser 3,20).

Gott ist immer noch viel größer, als wir Menschen es uns je erdenken können. Deshalb dürfen wir Großes von ihm erwarten. Jede Hürde in unserem Leben ist eine Möglichkeit, um Gottes Macht zu erfahren, und jede Herausforderung kann durch die Herrlichkeit Gottes in etwas Wunderschönes verwandelt werden. Gott erwartet von dir kein Wunder, vielmehr möchte *er* durch dich seine Wunder tun. Doch dazu braucht er deine Bereitschaft, ihm deinen Anteil zu geben und ihm zu vertrauen.

Gott ist immer noch viel größer, als wir Menschen es uns je erdenken können. Deshalb dürfen wir Großes von ihm erwarten.

Wenn wir uns die Situation bei der Brotvermehrung noch einmal anschauen, stellen wir fest, dass Jesus seine Jünger dazu auffordert, ihren Teil zu geben. Er sagt zu ihnen:

„Gebt ihr ihnen zu essen!" (Lukas 9,13).

Die Jünger hatten in dieser Situation jedoch nicht viel. Sie fanden genau zwei Fische und fünf Brote. Im Würfelbild gesprochen wäre das so, als hätten sie eine Eins gewürfelt, und sechs Punkte würden noch fehlen bis zur Vollkommenheit. Und trotzdem sollten die Jünger mit diesen zwei Fischen und fünf Broten den Menschen zu essen geben.

Und was geschah? Jesus ergänzte den Rest und schenkte die „sechs Punkte". Es blieben sogar noch zwölf Körbe voll mit Essen übrig.

Jesus fordert uns immer wieder dazu auf, das zu geben, was wir haben. Wenn wir geben, was wir haben, dann wird Gott einen besonderen Segen darauflegen. Wir können in solchen Augenblicken denken: „Oh, es ist aber nicht viel!" Doch bei Jesus geht es niemals um die Menge an

Bei Jesus geht es niemals um die Menge an Talenten, Ressourcen oder Materialen, die wir haben. Bei ihm geht es immer nur um unser Herz.

Talenten, Ressourcen oder Materialen, die wir haben. Bei ihm geht es immer nur um unser Herz.

Er wünscht sich Nachfolger, die ein dienendes Herz haben, das mit seiner göttlichen Liebe überfüllt ist. So ermutigen wir dich, das zu geben, was du hast. Höre auf, dich mit anderen Menschen zu vergleichen. Gott hat bereits viel Gutes in dein Leben hineingelegt und das möchte er noch vermehren.

Ich bete oft ganz konkret um Vermehrung der freien Zeit in meinem Leben. Ich möchte mein Leben für das Gute auf dieser Welt investieren, aber manchmal fehlt mir einfach die Zeit. So bete ich am Morgen oft um Gunst und schnelle Lösungen für meine täglichen Herausforderungen, damit ich mehr Zeit für andere Dinge habe. Ich gebe also die Zeit, die ich gerade habe, in Gottes Hand. Immer wieder werde ich dann überrascht, wie sich die Dinge tatsächlich schneller fügen und Gott mir Türen öffnet, die kurz vorher noch verschlossen waren.

Ich lege am Morgen auch ganz bewusst meine Gedanken und meine Planung in Gottes Hand und bitte ihn um Leitung bei jeder Aktivität. Auch während des Tages bleibe ich ständig mit Gott in Verbindung und bespreche mit ihm die Hürden, die sich mir in den Weg stellen. Ich staune dabei nicht schlecht, wenn Gott mir plötzlich Gedanken gibt, wie die Arbeitsabläufe geschickter und somit schneller vorangetrieben werden können. Unser Gott ist ein praktischer Gott, der sich auch um die Dinge in deinem Alltag kümmern möchte. Sein Segen möchte ganz konkret in dein Leben fließen.

Dan und ich finden es hochinteressant, wie Jesus bis zum Schluss seinen Segen auf dieser Welt verteilte. Sogar beim Abschied segnete er seine Jünger. Wir lesen im Lukasevangelium:

„Noch während er sie segnete, entfernte er sich von ihnen und wurde zum Himmel emporgehoben“ (Lukas 24,51).

Jesus verließ seine Jünger mitten im Segen. Er war gerade noch dabei, das Beste über ihnen auszusprechen und ihnen die schönsten Dinge zu sagen, als er zum Himmel auffuhr. Genauso ist der Segen Gottes auch das Größte und Kostbarste in unserem Leben. „An Gottes Segen ist alles gelegen." Diesen Satz sagen wir manchmal so salopp vor uns hin. Aber genau darin liegt eine große Wahrheit. Wer lernt, den Segen Gottes über seinem Leben, seiner Familie, seiner Arbeit sowie über seinem Hab und Gut auszusprechen, der wird göttliche Segensspuren entdecken.

Wer lernt, den Segen Gottes über seinem Leben, seiner Familie, seiner Arbeit sowie seinem Hab und Gut auszusprechen, der wird göttliche Segensspuren entdecken.

Wenn wir uns noch mal an das Bild des Würfels erinnern, dann ist der göttliche Segen immer die gegenüberliegende Zahl. Der göttliche Segen ist vollkommen und Gott hat mehr als genug davon. Sprich jeden Tag gute Worte über deinem Leben aus und lass Gottes Segen über dein Leben regnen. Glaube an die übernatürliche Kraft, die deinen Mangel ausfüllen und dein Leben in wunderbare Bahnen lenken wird. Denke größer und glaube an die Macht Gottes in deinem Leben. Wir lesen im Philipperbrief, wie Paulus schreibt:

„Alles kann ich durch Christus, der mir Kraft und Stärke gibt" (Philipper 4,13).

Jeder Mangel kann durch Jesus Christus in einen großartigen Gewinn verwandelt werden. Wir können wahre Durchbrüche erleben, wenn wir unseren Mangel in Gottes Hand legen, und dann das Gelingen unserer Pläne durch die Kraft „von dem Besten" erwarten.

Bereits Jesaja forderte uns auf, an das Größere zu glauben:

„Vergrößere dein Zelt! Spanne die Zeltdecken weiter aus! Spare nicht! Verlängere die Seile, und schlage die Pflöcke fest ein" (Jesaja 54,2).

In diesem Sinne wünschen wir dir ein mutiges Vorwärtsgehen in der Kraft von Jesus Christus.

KAPITEL 12:

TRAUER ZULASSEN – FREUDE ENTDECKEN

… in Ewigkeit …

Freud und Leid liegen manchmal richtig nahe beieinander. Ich kann mich gut daran erinnern, wie ich vor rund 18 Jahren gerade mit unserem Sohn schwanger war und zu jener Zeit meine schwer kranke Tante Maja besuchte. Sie hatte damals Leukämie und kämpfte um ihr Leben. Sie war stets eine fröhliche und tolle Frau und ich mochte sie sehr. Bei jenem Treffen schaute sie mir in die Augen und sagte: „Karin, ich wünsche dir alles Gute mit deinem Baby!“ Ich merkte ihren Worten schon an, dass sie sich nicht sicher war, ob sie dieses Kind noch sehen würde. Als Dan und ich sie dann nur ein paar Wochen später noch mal besuchen wollten, fing uns mein Onkel vor ihrem Haus ab und meinte, wir könnten sie gerade nicht besuchen. Sie sei am Schlafen und außerdem sehr schwach. So wie es aussehe, werde sie demnächst sterben, sagte mein Onkel nachdenklich. Dabei schaute er sich meinen runden Bauch an und ergänzte: „Weißt du, Karin, Freud und Leid liegen manchmal so nahe beieinander!“

Und so kam es, dass meine Tante kurz vor der Geburt unseres ersten Sohnes starb. Mein Onkel und seine Familie mussten einen schweren Abschied verarbeiten, denn meine Tante war gerade mal

51 Jahre alt. Und fast zeitgleich erlebten wir eine überragende Freude aufgrund der Geburt von unserem Jonathan. Freud und Leid gehören zu unserem Leben dazu und wir dürfen auch bei diesem Thema von Jesus, dem Besten, lernen. Er beendet das Vaterunser mit den zwei Worten:

„In Ewigkeit.“

Diese zwei Worte am Ende des wohl bekanntesten christlichen Gebets haben Dan und mich bei der Arbeit an diesem Buch ganz neu fasziniert. Das Reich Gottes ist ein nie endendes Königreich. Niemand kann dieses wunderbare Reich vernichten. Es bleibt in alle Ewigkeit bestehen.

Menschen können auf dieser Welt so viel zerstören. Christliche Werke, die mit viel Liebe aufgebaut wurden, werden von anderen im Handumdrehen ruiniert, Beziehungen gehen in die Brüche und liebe Menschen werden plötzlich durch eine schwere Krankheit aus dem Leben gerissen.

In solchen Momenten erscheint alles vorbei zu sein. Die Betroffenen stehen völlig überraschend vor dem Scherbenhaufen ihres Lebens und versuchen, den entstandenen Schaden einigermaßen zu verarbeiten. Doch das Königreich von Jesus ist komplett anders. Jesus sagt uns im Matthäusevangelium:

„Ich selbst bin dieses Brot, das von Gott gekommen ist und euch das Leben gibt. Wer von diesem Brot isst, der wird ewig leben“ (Johannes 6,51).

Jesus spricht an dieser Stelle von einem Leben, das in Ewigkeit bestehen wird. Und er ist gekommen, um uns dieses ewige Leben zu schenken. Wir haben ja bereits in einem früheren Kapitel über die Ewigkeit nachgedacht. Für jeden Christen gibt es einen ewigen Platz im Himmel und genau diese Tatsache kann uns mit großer Freude erfüllen, wenn wir sie uns tatsächlich bewusst machen. Ja, Jesus hat im Himmel Wohnungen für uns vorbereitet (vgl. Johannes 14,2), in die wir nach unserem Tod einziehen dürfen. Damals waren wir sehr traurig, als meine Tante Maja so früh sterben musste. Ihr Leben auf dieser Erde erschien uns viel zu kurz.

Doch sie trug Jesus in ihrem Herzen, deshalb gehört ihrer Seele ein ewiges Leben beim Vater im Himmel. Und dieses Wissen kann uns wieder Freude und Kraft schenken – trotz der Trauer über ihren Verlust. Wir lesen in der Bibel:

„Seid fröhlich, dass ihr zu ihm, dem heiligen Gott, gehört! Ja, alle, die den Herrn suchen, sollen sich freuen!" (1. Chronik 16,10).

Ein ewiges Familienfest

Menschen, die an Jesus glauben, gehören bis in alle Ewigkeit zu der Familie Gottes. Daran gibt es nichts zu rütteln! Auch wenn dunkle Regenwolken über unserem Leben hängen oder gar ein heftiger Sturm ausbricht, können wir in der Gegenwart Gottes dennoch eine große Freude finden. Doch wie schaffen wir es ganz praktisch, die „Freudenkiller" in unserem Leben zu überwinden und stattdessen diese „göttliche Freude" zu erleben?

Unsere Freude kann so schnell verloren gehen. Ein überraschender Telefonanruf oder eine unschöne E-Mail können uns von jetzt auf gleich die Freude rauben, uns traurig machen oder sogar in eine längere depressive Phase ziehen. Sobald dunkle Wolken am Horizont unseres Lebens aufziehen, beginnen sich unsere Gedanken im Kreis zu drehen und in dieser Abwärtsspirale werden wir immer weiter nach unten gezogen. Je nach Charaktertyp reagieren die einen dann heftiger und sind nervlich schneller am Ende, und die anderen können die Situation etwas gelassener verarbeiten. Trotzdem machen diese „dunklen Wolken" mit jedem Menschen etwas. Es sind diese Momente, in denen sich plötzlich eine Schwere auf unsere Seele legt und unser Körper sich wie versteinert anfühlt. Die Gedanken sind verwirrt und wir können nicht mehr klarsehen. Am liebsten würden wir im Bett liegen bleiben und gar nicht mehr aufstehen. Je nachdem, welcher Typ man ist, kommt man früher oder später in diese Situation, aber eines ist sicher, wenn Schwierigkeiten in unser Leben kommen, dann reagiert unser Körper immer auf die eine oder andere Art.

Als wir vor drei Jahren von Dans Mutter Abschied nehmen mussten, standen wir an ihrem Grab und Tränen kullerten über unsere Wangen. Unsere ganze Familie war sehr traurig, denn wir liebten diese Frau sehr. Es war schmerzhaft, ihren toten Körper zu sehen und dabei zu realisieren, dass das Leben aus ihr verschwunden war.

Der Tod der eigenen Eltern bedeutet immer ein besonders herausforderndes Abschiedsnehmen und einen tiefen Schmerz. Wie erstarrt standen wir damals an diesem Sarg und waren einfach nur tieftraurig. Die Worte des Pfarrers taten uns jedoch sehr gut und wir konnten bereits nach wenigen Sätzen spüren, wie da trotz des Leides und der Schwere eine ewige Hoffnung auf ein Leben bei Gott war.

Mitten im größten Leid können unsere Herzen von dieser göttlichen Hoffnung erfasst werden, die eine übernatürliche Freude mit sich bringen kann. Jesus sagt uns im Lukasevangelium:

Mitten im größten Leid können unsere Herzen von dieser göttlichen Hoffnung erfasst werden, die eine übernatürliche Freude mit sich bringen kann.

„Freut euch viel mehr darüber, dass eure Namen im Himmel aufgeschrieben sind!" (Lukas 10,20).

Die himmlische Freude ist die größte Freude, die es auf dieser Erde gibt, denn sie wird uns in alle Ewigkeit begleiten, und keiner kann sie aus unseren Herzen nehmen. Wir laden dich dazu ein, heute einmal ganz bewusst an diese göttliche Freude zu denken. In einem früheren Kapitel haben wir bereits über unsere Gotteskindschaft gesprochen und wir erinnern dich noch einmal daran: Du bist ein Königskind, deshalb gehört dir das ewige Königreich. Dein Name ist im Himmel notiert und somit gehörst du zur göttlichen Familie dazu. Und dieser Königsfamilie verspricht Gott ein wunderbares und ewiges Zuhause.

Kurz vor dem oben erwähnten Bibelvers spricht Jesus davon, dass seine Jünger eine geistliche Vollmacht bekommen können. Er erklärt, dass wir in seinem Namen Großartiges auf dieser Welt tun können. Aber er zeigt uns an dieser Stelle auf, dass die himmlische Freude noch viel größer sein wird.

Selbstverständlich können wir auch auf dieser Welt viel Spaß und Freude erleben. Und das ist auch wichtig. Wir können im Lotto gewinnen oder die Liebe unseres Lebens finden und uns von Herzen darüber freuen. Aber darüber hinaus gibt es noch so viel mehr. Die tiefe Gewissheit, zur Familie Gottes dazuzugehören, ist das Größte und Kostbarste, was wir in unserem Leben erfahren können. Je mehr wir uns an die himmlische Freude erinnern, die uns erwartet, desto leichter werden wir unsere täglichen Freudenkiller überwinden und uns jetzt schon für die göttliche Freude entscheiden können. Wir lesen in der Bibel über den Himmel:

„Denn das Lamm, das in der Mitte steht, wo der Thron ist, wird ihr Hirte sein. Er wird sie zu den Quellen führen, aus denen das Wasser des Lebens entspringt. Und Gott wird ihnen alle Tränen abwischen" (Offenbarung 7,17).

Jesus steht mitten in der größten Freude und ist selbst pure Freude. Er wird als Lamm Gottes auch im Himmel das Zentrum der Liebe sein. Er bleibt der gute Hirte, der im Himmel den letzten Mangel von uns Menschen ausfüllen wird. Im Himmel wird von Gott selbst liebevoll jede Träne von uns abgewischt. Stell dir das mal vor! Gott hat keine Träne auf dieser Welt verpasst. Jede Traurigkeit hat er in seinem Buch registriert und jede vergossene Träne wurde liebevoll aufbewahrt. Wir lesen in der Bibel:

„Jede Träne hast du gezählt, ja, alle sind in deinem Buch festgehalten" (Psalm 56,9-10).

Der Wert deiner Tränen

Gott entgeht nichts auf dieser Erde und er ist einfach unglaublich einfühlsam. Er mag es nicht, wenn Menschen traurig, ausgelaugt, erschöpft oder gar depressiv sind. Seine Augen sind auf diese Menschen ausgerichtet und er möchte in jede traurige Situation seine Liebe fließen lassen. Hast du gewusst, dass Tränen unter dem Mikroskop betrachtet total unterschiedlich aussehen? Dass sie ähnlich einzigartig wie Schneeflocken erschaffen wurden? Jede Träne hat einen anderen Aufbau. Die Tränen der Freude unterscheiden sich von den Tränen der Trauer und von den Tränen, die durchs Zwiebelschneiden ausgelöst werden. Genau dieses kleine Detail lässt unsere Herzen fröhlich werden. Wie wunderbar hat Gott das alles gestaltet!

Es gibt nicht einfach eine „pauschale Trauer" für jede Lebenssituation; jeder traurige Moment ist individuell und darf deshalb von den Menschen unterschiedlich verarbeitet – und beweint – werden.

Auch an dieser Stelle können wir von Jesus lernen. Als damals Johannes der Täufer auf brutale Art und Weise ermordet wurde und sein Kopf der Prinzessin auf einem Teller serviert wurde, da waren der König und alle anwesenden Gäste bestürzt. Es war eine grausame Tat, die jedes menschliche Herz tief berührte. Wie hat Jesus in jener Situation reagiert? In der Bibel lesen wir:

„Als Jesus das hörte, fuhr er mit einem Boot in eine entlegene Gegend. Er wollte allein sein" (Johannes 14, 13).

Jesus nimmt sich eine kurze Auszeit. Er braucht Abstand von den Geschehnissen, um seine Gedanken zu sortieren und in Ruhe über die traurigen Ereignisse nachzudenken. Genau diese Reaktion ist ein wunderbarer Schlüssel, um Freudenkiller und Schwierigkeiten aus unserem Leben auszuräumen. Jesus trifft eine klare Entscheidung und nimmt sich Zeit für sich. Leider gibt es viele Christen, die sich keine Zeit nehmen, um zur Ruhe zu kommen und einmal alles zu reflektieren – oder wenn sie es tun, dann geschieht dies erst, wenn sie gar nicht mehr können und sie sich bereits in ihren Problemen verlaufen haben. In einer solchen Lage wird es dann schwierig, eine gute Lösung zu finden.

Jesus hat sofort reagiert. Er hat sich umgehend in eine entlegene Gegend zurückgezogen. Das haben wir von ihm gelernt. Wir als Paar ziehen uns deshalb jede Woche für einen Tag in die Ruhe zurück. Wir halten bewusst Abstand von allen Diensten und Geschehnissen. Es ist der Tag, an dem wir uns viel Zeit zum Beten und Ruhen nehmen. Wir sinnen über das Erlebte nach und reflektieren in Gesprächen unser aktuelles Leben. Das hilft uns, schöne genauso wie traurige Momente zu verarbeiten. Sobald wir im Alltag merken, dass unsere Seelen immer beladener werden und unsere Gedanken drohen, sich im Kreis zu drehen, gerade dann ermutigen wir uns, einen spontanen Spaziergang zu machen. Dann laufen wir kilometerweit über die Felder und können uns wieder entspannen. Der Blick in die Weite und die Schönheit der Natur können uns helfen, den Fokus wieder auf Gott auszurichten und somit die Freude zurück ins Leben zu holen.

Gibt es in deinem Leben auch solche Momente, in denen du dich in entlegene Gegenden zurückziehen kannst?

So oft verstricken wir uns im Stress des Alltags oder im Trubel der Menschenmengen. Eine ruhige Gegend wird dabei immer einen positiven Einfluss auf unsere Seele und unser Wohlbefinden haben. Vielleicht kannst du dich in Zeiten der Sorge und Trauer das nächste Mal auch dazu motivieren, dich nicht in deinem Zimmer einzuschließen, sondern nach draußen zu gehen und dich in eine entlegene Gegend zurückzuziehen. Lass dich dann von der Ruhe und der Zweisamkeit mit Gott inspirieren. So kannst du wieder gestärkt nach Hause gehen und deinem Alltag, und auch den Menschen darin, entspannter begegnen. Jesus sagt uns im Johannesevangelium:

„Ich sage all das, solange ich noch bei ihnen in dieser Welt bin, damit meine Freude auch sie ganz erfüllt“ (Johannes 17,13).

Jesus spricht an dieser Stelle mit seinem Vater im Himmel über die Jünger. Er wünscht sich eine komplette Erfüllung mit Freude für sie. Ja, Jesus möchte die Herzen seiner Jünger voller göttlicher Freude sehen! Jesus ist der Beste, denn in ihm ist die komplette Freude. Er selbst ist erfüllt von übernatürlichem Glück. Obwohl Jesus immer wieder angegriffen wurde und massiv unter Druck kam, hat er seine Freude niemals verloren. Auch darin kann er uns zum Vorbild werden. Wir lesen in der Bibel:

„Lasst den Mut nicht sinken, denn die Freude am Herrn gibt euch Kraft!“ (Nehemia 8,10).

Selbstverständlich können wir Freude erleben in unserer Familie, in unseren Freizeitbeschäftigungen oder bei einem schönen Urlaub am Meer. Aber die tiefe und echte Freude finden wir allein bei Gott.

Irdisches Leid und überirdische Freude

Als Dan vor zwei Jahren in Afrika Gemeinden besuchte, begegnete er in Tansania Christen, die wirklich nicht viel zum Leben haben. Sie wohnen in kleinen Strohhütten, das Essen ist knapp und die medizinische Versorgung bescheiden. Die Kinder müssen Schuhe aus alten Autoreifen tragen.

Mit einer kleinen Gruppe von Schweizern besuchte Dan den Stamm der Massai, und er konnte dort für viele Menschen beten und ihnen von Gott erzählen. In der Gruppe besuchten sie unter anderem auch ein Kinderheim und eine kleine Gemeinde.

Die Einheimischen leben dort überall sehr bescheiden und alles, was sie besitzen, sind ihre Kühe. Am Abend, als die Sonne unterging, zogen sie sich in ihre Strohhütten zurück und setzten sich um ein Feuer in der Mitte. Und dann begannen sie, Lieder für Gott zu singen.

Dan hörte ihren leidenschaftlichen Gesang über die weiten Felder hinweg klingen. Aus jeder Hütte kamen wunderbare Stimmen, die nicht einfach nur ein paar nette Lieder sangen, sondern die leidenschaftlich und mit großer Freude ihren Gott anbeteten. Mein Mann war einerseits bestürzt über die Armut, mit der er in diesem Land konfrontiert war, aber andererseits fasziniert von der Leidenschaft in der Anbetung und der Inbrunst der Gottesverehrung dieser Menschen dort. Die Liebe zu Gott und somit auch die Liebe untereinander war wunderschön. In der Bibel steht, dass Gott im Lobpreis seines Volkes wohnt (vgl. Psalm 22,4) und da, wo wir Gott anbeten, da wird die Freude zurückkommen. Wir brauchen nicht viel, um tief in unserem Herzen glücklich zu werden. Wir brauchen dazu eigentlich „nur" die Begegnung mit Gott. Wenn wir uns die Menschen in der Bibel anschauen, stellen wir fest, dass sie durch die Anbetung Gottes immer wieder neue Kraft bekamen und tiefe Freude erlebten. Auch heute liegt in der Lobpreismusik eine große Kraft. Allein schon das Singen befreit unsere Seele und tut unserem Innern gut. Wenn wir mit unseren Liedern dann noch Gott die Ehre geben und ihn groß machen, kommen wir durch die Musik in Berührung mit der göttlichen Kraft und Gottes Gegenwart wird spürbar.

Wir brauchen nicht viel, um tief in unserem Herzen glücklich zu werden. Wir brauchen dazu eigentlich „nur" die Begegnung mit Gott.

Uns beeindruckt in diesem Zusammenhang die biblische Geschichte von Paulus und Silas im Gefängnis. Die beiden Männer hatten sich entschieden, den Weg mit Jesus zu gehen, und setzten sich leidenschaftlich dafür ein, den Menschen das Evangelium zu bringen. „Evangelium" bedeutet übrigens „Freudenbotschaft". Die Nachricht, dass Jesus am Kreuz gestorben und drei Tage später wieder auferstanden ist, dürfen wir nicht nur als „gute Tat", sondern als eine wahre „Frohe Botschaft" bezeichnen.

Paulus und Silas hatten die Kraft von diesem Evangelium entdeckt und waren nun unterwegs, um viele Menschen mit dieser genialen Botschaft zu erreichen. Doch die beiden Männer wurden gefangen genommen und ins Gefängnis geworfen. Aufgrund ihres Glaubens saßen sie nun gefesselt in einer ungemütlichen Zelle. Doch diese beiden ließen sich von Umständen nicht unterkriegen. Sie entschieden sich in dieser Situation für die Freude und stimmten ein Loblied an. Um Mitternacht startete ihr Lobpreiskonzert im Gefängnis. Sie sangen laut und voller Freude. Sie ließen sich nicht entmutigen und von der Traurigkeit übermannen, sondern sie sangen für ihren Gott und brachten so die größere Freude über ihre Lippen.

Und dieser Lobgesang blieb nicht ohne Wirkung. Plötzlich begann ein Erdbeben, die Gefängnistüren öffneten sich, die Fesseln lösten sich und die beiden Männer konnten ganz entspannt aus dem Gefängnis herausspazieren.

Der Gefängniswärter geriet in Panik, denn seine Gefangenen machten sich einfach aus dem Staub. Er war überfordert und wollte sich kurzerhand mit seinem Schwert umbringen. Doch Paulus konnte ihn gerade noch stoppen und ihm die gute Nachricht von Jesus Christus erzählen. So fand der Gefängniswärter zum Glauben an Gott und Paulus und Silas wurden in die Freiheit entlassen. Was für ein Fest!

Wir ermutigen dich, in Zeiten der Krise eine CD mit Anbetungsmusik zu hören oder selbst ein Lied anzustimmen. Vertreibe mit deinem Lobpreis die negative Stimmung und stärke deinen Glauben an einen Gott, der Wunder tun kann.

Dan setzt sich in schwierigen Zeiten oft an seinen Flügel und beginnt, irgendeine Melodie für Gott zu spielen. Gott wohnt in der Lobpreismusik und wenn wir Gott loben, finden wir Freude in seiner Gegenwart. Warum? Weil Gott ein ewiger Gott ist und seine Freude niemals aufhören wird. Deshalb ist es so wichtig, in ihm zu verweilen und an seiner Nähe festzuhalten. Jesus lehrt uns:

„Wie mich der Vater liebt, so liebe ich euch. Bleibt in meiner Liebe! Das alles sage ich euch, damit meine Freude euch erfüllt und eure Freude dadurch vollkommen wird" (Johannes 15,9-11).

Wer in der Liebe Gottes verwurzelt ist und seine Freude in Gottes Gegenwart sucht, der wird tiefes inneres Glück finden. Auch wenn das nicht heißt, dass wir nie wieder traurig sein werden oder es manchmal auch über längere Phasen hinweg bleiben, wenn wir vielleicht tatsächlich in eine echte Depression gerutscht sind. In diesem Fall gilt es, sich professionelle Hilfe zu holen. Doch auch dann kann Lobpreis helfen, um den Blick wieder auf Gott zu richten und neue Hoffnung zu schöpfen.

Wer in der Liebe Gottes verwurzelt ist und seine Freude in Gottes Gegenwart sucht, der wird tiefes inneres Glück finden.

So oder so ist es nicht immer einfach, unsere Freude in Gott zu finden, wenn Schwierigkeiten auftreten oder wenn wir versucht sind, unser Glück eben nicht in Gott, sondern in unserem Alltagsleben zu suchen. Auch an dieser Stelle dürfen wir von „dem Besten" lernen. Im Lukasevangelium lesen wir, wie eine Frau zu Jesus sagte, dass seine Mutter Maria sich sehr glücklich schätzen könne, ihn geboren und gestillt zu haben. Darauf antwortete Jesus:

„Ja, aber noch glücklicher sind die Menschen, die Gottes Botschaft hören und danach leben" (Lukas 11,28).

Es muss doch tatsächlich ein großartiges Privileg sein, den Sohn Gottes auf die Welt bringen zu dürfen, sich um ihn zu kümmern und als Mama für ihn da zu sein. Aber Jesus stellt über diese menschliche Freude die göttliche Freude hoch hinaus. Gottes Wort ist das Kostbarste und Wertvollste, das es auf dieser Welt gibt. In jedem Bibelvers steckt eine großartige Kraft, und wer dieses Wort nicht nur hört oder liest, sondern ihm glaubt und danach lebt, der wird tiefe und echte Freude finden.

Wir vergleichen diese Wirkung gerne mit einer Sonnenblume. Eine Sonnenblume streckt schon am Morgen ihren Kopf der Sonne entgegen und wandert tagsüber mit der Sonne mit. Sie richtet ihren „goldenen Kopf" ständig mitten ins Sonnenlicht und lässt sich von den warmen Strahlen bescheinen.

Gott wird in der Bibel auch als Sonne beschrieben: „Gott ist Sonne und Schild" (Psalm 84,12). Wer seinen Blick auf das Wort Gottes und somit auf Gott selbst richtet und sich von ihm leiten lässt, der wird Freude in seinem Leben finden. Selbst wenn die Umstände nicht einfach sind und gewisse Dinge nicht so laufen, wie wir das gerne hätten, so können wir doch in jeder Situation unseren Blick auf Gott ausrichten und uns seine Liebe „ins Herz scheinen lassen". Das ist auch der Grund, warum Paulus schreibt:

„Freut euch im Herrn allezeit! Wiederum will ich sagen: Freut euch!" (Philipper 4,4).

Die Freude an Gott ist eine Freude, die niemals zu Ende sein wird. Wir Menschen können so schnell freudlos werden. Wir bekommen ein wertvolles Geschenk und freuen uns sehr darüber, aber schon bald gehört es zum Alltag und die Freude darüber wird Stück für Stück weniger. Die göttliche Freude ist jedoch komplett anders. Sie soll in deinem Leben jeden Tag zunehmen und stärker werden. Wir lesen in der Bibel:

„Wenn wir am Abend noch weinen und traurig sind, so können wir am Morgen doch wieder vor Freude jubeln" (Psalm 30,6b).

Gott möchte deine Tränen wieder in Freude verwandeln. Manchmal ist es gut zu weinen. Unsere Tränen müssen raus und dürfen auf unser Kissen fallen. Denke niemals, es sei falsch zu weinen, sondern lass deinen Tränen freien Lauf. Aber irgendwann kommt der Moment, in dem wir uns wieder von Gott aufrichten lassen dürfen. Tränen haben Kraft und wir sind davon überzeugt, dass Gott aus jeder vergossenen Träne etwas Schönes machen möchte.

Wir lesen in der Bibel:

„Sie gehen durch das Tränental und machen es zu einem Quellort" (Psalm 84,7; Elberfelder Bibel).

Jede Träne hat einen Auftrag. Wenn Tränen in unserem Leben fließen, dann meistens, weil uns alles zu viel wird. Die Seele kommt einfach nicht mehr mit und alles scheint uns zu entgleiten. Aber ist so schlimm, wenn wir nicht mehr alles im Griff haben? Ich denke, dass Jesus uns manchmal sogar genau an diesen Punkt führen möchte. Denn nur so können wir erkennen, wie sehr wir Gott brauchen.

Ich wähle Freude!

Unser Leben liegt niemals in unserer eigenen Hand. Alles, was wir auf dieser Erde haben oder eben nicht mehr haben, liegt in Gottes Hand. Wenn wir selbst also gerade in einer großen Traurigkeit stecken, dann können wir uns entscheiden, alles in Gottes Hand zu legen und ihm zu vertrauen, dass er die Dinge zum Guten wenden – und aus dem Tränental einen Quellort machen wird.

Dan und ich haben uns entschieden, jede traurige Situation ganz bewusst Gott in die Hand zu legen und mit seiner Kraft aus jeder Träne einen Quellort zu machen. Wir können dir gar nicht sagen, wie viel und oft wir schon geweint haben. Doch immer wieder wollen wir uns entscheiden, nicht bei den Tränen stehen zu bleiben, sondern den neuen Tag zu genießen. Die Bibel lehrt uns:

„Dies ist der Tag, den der Herr gemacht hat! Seien wir fröhlich und freuen wir uns mit ihm" (Psalm 118,24).

Jeder Tag ist ein Geschenk von Gott und eine neue Möglichkeit, um Glück in seiner Gegenwart zu finden. Wir ermutigen dich, täglich die Entscheidung für die Freude zu treffen. Lass dir nicht von Umständen oder Menschen den Tag vermiesen. Dinge, die bereits geschehen sind, können so

Jeder Tag ist ein Geschenk von Gott und eine neue Möglichkeit, um Glück in seiner Gegenwart zu finden.

oder so nicht mehr rückgängig gemacht werden, also versuche, nach vorne zu schauen, und lass dir göttliche Freude schenken. Und Jesus verspricht uns, dass wir in Trauerzeiten Trost finden werden:

„Glücklich sind, die trauern, denn sie werden Trost finden" (Matthäus 5,4).

Wer traurig ist, der wird von Gott höchstpersönlich getröstet werden. So lege heute dein trauriges Herz in Gottes Hand und vertraue ihm. Er wird sich um dich kümmern und dir übernatürlichen Trost senden. Gott will Wunden verbinden und er möchte jede Verletzung heilen. Seine Kraft ist unermesslich groß. Jesus starb am Kreuz für alle Verletzungen und für alle Fehler, die wir selbst begangen haben oder die andere uns angetan haben, deshalb dürfen wir uns freuen.

Als sich Jesus nach seiner Auferstehung den Frauen zeigte, waren sie unglaublich überrascht. Sie hatten nicht damit gerechnet, dass Jesus tatsächlich wiederkommen würde. Nun waren sie total außer sich und erzählten den anderen Jüngern von ihrer Begegnung, doch die Männer schenkten den Damen keinen Glauben. Sie zweifelten an der Auferstehung von Jesus. Besonders Thomas zweifelte extrem und wollte „Beweismittel". Und die hat er bekommen. Kurze Zeit später stand Jesus tatsächlich vor ihm und Thomas durfte seinen Finger in seine Wunden legen. Danach konnte er auch glauben. Die Bibel berichtet zu dieser Situation:

„Da sagte Jesus: ‚Du glaubst, weil du mich gesehen hast. Wie glücklich können sich erst die schätzen, die mich nicht sehen und trotzdem glauben!'" (Johannes 20, 29).

Wenn du an Jesus glaubst, dann darfst du dich „glücklich schätzen" und dein Leben genießen. Niemand kann diese Freude aus deiner Seele herausreißen, die Jesus dir schenken will, und kein Mensch kann dich daran hindern, jeden Tag die Freude in der Gegenwart Gottes zu suchen – außer du selbst. Also lass dich nicht länger von irgendwelchen Freudenkillern abhalten, sondern räume die Hindernisse mit Gottes Hilfe aus deinem Leben aus und empfange jeden Tag Trost und Freude von Gott. Und was du selbst empfangen hast, darfst du an andere weitergeben. Öffne deine Augen für traurige Menschen in deinem Umfeld und bringe ihnen eine gute Botschaft der Hoffnung und Freude. Wir lesen in der Bibel:

„Was für ein herrlicher Augenblick, wenn ein Bote über die Berge kommt, der eine gute Nachricht bringt" (Jesaja 52,7).

Du kannst eine Freudenbotin oder Freudenbote sein und gute Nachrichten in das Leben deiner Mitmenschen bringen. Du hast das Privileg, ihnen im Auftrag von Gott neue Hoffnung zu schenken.

Vor einiger Zeit hatten wir abends den Eindruck gehabt, wir sollten meinen Schwiegervater spontan auf ein Glas Wein einladen. Er nahm die Einladung umgehend an und saß kurze Zeit später mit uns auf der Terrasse. Er meinte dann: „Wie schön, dass ich heute eine Einladung habe. Ich war nämlich gerade wieder sehr traurig und musste viel an meine verstorbene Frau denken."

Menschen, die in Trauer sind, tauchen immer wieder in schwere Gedanken ab. Sie brauchen Zeit, um das Geschehene zu verarbeiten. Genau in diesen Momenten können wir anderen ein Freudenbote sein und ihnen im richtigen Augenblick einen Besuch abstatten oder eben eine Einladung aussprechen.

Solange wir auf dieser Erde leben, brauchen wir einander, um uns zu ermutigen und zu trösten – und uns wieder an das Gute zu erinnern, das wir haben. So können wir dankbar werden und positiv denken, auch wenn das Leben manchmal schwer ist. Von Jesus können wir lernen, dass er sich immer wieder bei seinem Vater bedankt hat. Auch als Sohn Gottes war es für ihn offensichtlich nicht selbstverständlich, alles zu haben. Er bedankte sich bei ihm für den Wein, für das Brot und er sagt auch Menschen Danke, die ihm Gutes getan haben. Bereits König David, der ein Vorfahre von Jesus ist, erinnert uns daran, dankbar zu sein. In der Bibel lesen wir:

„Ich will den Herrn loben und nie vergessen, wie viel Gutes er mir getan hat!" (Psalm 103,2).

So ermutigen wir dich, immer wieder dem Positiven in deinem Leben Beachtung zu schenken. Vielleicht schreibst du dir alles Gute, das du schon von Gott empfangen hast, einmal auf einen Zettel und lenkst so deinen Fokus ganz bewusst auf die schönen Dinge des Lebens. Aber vor allem richte deinen Blick immer wieder auf Jesus, denn er ist nicht nur *der* Beste, sondern *das* Beste, das dir in deinem Leben passieren kann! Und er selbst wird dich an seine liebende Hand nehmen und dich in ein Leben führen, das gelingt.

ANHANG

Vielleicht hast du noch gar nicht angefangen, an Gott zu glauben, und bist noch auf der Suche nach ihm. Wenn du Jesus, „den Besten“, kennenlernen und in deinem Leben haben möchtest, dann kannst du zum Beispiel dieses Gebet sprechen:

Jesus, ich danke dir, dass du zuerst an mich geglaubt hast, bevor du mich aufforderst, an dich zu glauben. Heute entscheide ich mich, an dich zu glauben und dir zu vertrauen. Ich bringe dir alle meine Sünden und bitte dich um Vergebung. Danke, dass du am Kreuz für mich gestorben bist und mir ein Leben in Fülle und in Freiheit schenken möchtest. Erfülle mich mit deinem Heiligen Geist und gib mir die Kraft, dir täglich nachzufolgen, um mehr zu werden wie du. Amen.

1. Auflage 2019
Bestell-Nr. 817593
ISBN 978-3-95734-593-6

Umschlaggestaltung: Anna-Lisa Offermann
Satz: Vornehm Mediengestaltung, München
Druck und Verarbeitung: GGP Media GmbH, Pößneck
Printed in Germany

www.gerth.de